Escritos sobre
Marx

Dialética, Estado, sociedade civil

Norberto Bobbio

Escritos sobre Marx

Dialética, Estado, sociedade civil

Textos inéditos organizados e com introdução de
Cesare Pianciola e Franco Sbarberi

Tradução de

Sergio Maduro

martins fontes
selo martins

Publisher *Evandro Mendonça Martins Fontes*
Coordenação editorial *Vanessa Faleck*
Produção editorial *Carolina Cordeiro Lopes*
Preparação *Julio de Mattos*
Revisão *Lucas Torrisi*
Ubiratan Bueno
Amanda Zampieri
Capa e projeto gráfico *Renata Milan*

Dados Internacionais de Catalogação na Publicação (CIP)
Andreia de Almeida CRB-8/7889

Bobbio, Norberto
Escritos sobre Marx : dialética, Estado, sociedade civil / Norberto Bobbio ; tradução de Sergio Maduro. – São Paulo : Martins Fontes – selo Martins, 2018.
192 p.

ISBN: 978-85-8063-346-7
Título original: Scritti su Marx.

1. Filosofia marxista 2. Marx, Karl, 1818-1883 I. Título II. Maduro, Sergio

18-0668 CDD 335.4

Índice para catálogo sistemático:
1. Filosofia marxista

Martins Editora Livraria Ltda.
Av. Dr. Arnaldo, 2076
01255-000 São Paulo SP Brasil
Tel.: (11) 3116 0000
info@emartinsfontes.com.br
www.emartinsfontes.com.br

SUMÁRIO

INTRODUÇÃO
DE CESARE PIANCIOLA E FRANCO SBARBERI

Os textos inéditos sobre Marx e o marxismo aqui reunidos nos introduzem imediatamente no laboratório mental do qual derivou uma parte dos estudos publicados por Norberto Bobbio sobre o tema. Em alguns desses textos inéditos, ouvimos sua viva voz, aquela da qual se lembram os estudantes e colegas, os amigos e os participantes do seminário "Ética e Política" no Centro studi Piero Gobetti [Centro de estudos Piero Gobetti]. Ao tema "O que é um clássico?" foi dedicada em 1984 uma discussão específica do seminário[1]. Os critérios indicados por Bobbio para definir um "clássico" também poderiam ser aplicados a Marx. Um clássico do pensamento — dizia ele — pertence ao passado, mas de interpretação tão fértil que ainda hoje não se pode prescindir para pensar também a realidade em que vivemos[2].

---

[1] A gravação está transcrita no pequeno livro *Seminario Etica e Politica (1980-1988)* [Seminário Ética e Política (1980-1988)], Centro studi Piero Gobetti, Turim, 1989, p. 71-80, Homenagem do Centro aos oitenta anos de Norberto Bobbio.

[2] Cf. N. Bobbio, *Teoria generale della politica* [Teoria geral da política], organização de M. Bovero, Turim, Einaudi, 1999, p. 54.

No pós-guerra, Bobbio dedicou a Marx uma parte notável de seus estudos e fez a primeira tradução italiana integral dos *Manuscritos econômico-filosóficos* de 1884, publicada pela Einaudi, em 1949. Felice Balbo, que com ele coordenava a Biblioteca di cultura filosofica da editora, foi quem lhe propôs, em 1947, a tradução, a qual, "após alguma hesitação", aceitou[3].

Todavia, quem adentra no labirinto da obra de Bobbio logo se dá conta que Marx — mesmo considerado um clássico e presente em toda parte por uma "necessidade irresistível" de jogar luz sobre as contradições estruturais do mundo contemporâneo[4] — não é apontado entre os "autores" prediletos da modernidade (como Hobbes, Locke, Rousseau, Kant e Hegel). A razão está no fato de que Bobbio sempre foi fascinado pela leitura marxiana da história "do ponto de vista dos oprimidos", mas, ao mesmo tempo, rejeitava o messianismo revolucionário que a irriga. Uma página de 1969 sobre "Temas marxianos sobre o Estado", aqui reproduzida, reassume com clareza o ponto de vista de Bobbio nesse longo período:

> Meus encontros com Marx ocorreram em momentos cruciais de minha vida. Antifascismo militante (Pádua, 1941-1942); problemas da reconstrução (1945-1950); crise universitária (1968-...), que coincidiu com a retomada de meus estudos sobre Gramsci e Mondolfo. Sempre fui fascinado, nunca convencido. Os três planos sobre os quais se situa

[3] Cf. a carta de Bobbio a Giulio Einaudi, de 5 de outubro de 1947, in Archivio Einaudi, no Archivio di Stato di Torino (Arquivo de Estado de Turim), cart. 23, fasc. 360/1. Em 1958, Bobbio organizou para a "Nuova Universale Einaudi" uma edição revista que levava em consideração tanto as edições dos *Manuscritos* saídas depois da *Gesamtausgabe*, de 1932, quanto a tradução de Galvano Della Volpe nas *Opere fisolofiche giovanili* [Obras filosóficas juvenis] (Roma, Rinascita, 1950, e Roma, Editori Riuniti, 1963). A variante de maior relevo – como precisava Bobbio na "Nota alla traduzione" ("Nota à tradução") – era a promoção de *Gattungswesen* a "ser pertencente a uma espécie", em vez do habitual ser ou ente "genérico", nisso se desviando de Della Volpe.

[4] Veja-se a "Premessa" ("Preâmbulo") de 1997 de Bobbio à compilação mais exaustiva de seus escritos sobre Marx: C. Violi (org.), *Né con Marx né contro Marx* [Nem com Marx, nem contra Marx], Roma, Editori Riuniti, 1997, p. X.

meu encontro com Marx. *Filosófico*: a filosofia da história de Marx é otimista; a sociedade sem classes, vislumbrada a curto prazo. A ditadura do proletariado, e, depois, é isso (na verdade, essa simplificação é mais de Engels e de Lênin). Essa visão da história me parece simplista e superficial, desmentida pela história etc. *Científico*: que Marx tenha dado contribuições decisivas para o desenvolvimento das ciências sociais, não há dúvida. Mas se tratam de contribuições, e não, como pretendem os marxistas convictos, como Della Volpe, Korsch, Lukács etc., a descoberta *da ciência da sociedade*. Quais são as novidades metodológicas de Marx? A abstração determinada, a totalidade, a dialética. A sociologia de Marx, como sociologia *crítica*, como *crítica* do que existe. Crítica da crítica. *Político*: a história avança por revoluções, necessidade da revolução, crítica do evolucionismo e do reformismo. A revolução socialista como ato resolutivo. Nada daquilo que Marx previu aconteceu (a ciência assim chamada burguesa fez previsões muito mais justas sobre a degeneração da revolução soviética do que o marxismo sobre a crise da sociedade capitalista etc.).[5]

Como se vê, o viés revolucionário e a predeterminação do futuro representam, para Bobbio, os aspectos mais discutíveis da concepção materialista da história: o acerto de contas mais amargo para qualquer intelectual que não tenha fé em um mundo totalmente diferente. E tal característica constitutiva da filosofia da história marxiana torna difícil distinguir o Marx analítico do Marx profético: o cientista social que descreve as "leis do movimento" do modo de produção capitalista, do militante comunista que pretende libertar o homem não apenas das espirais do trabalho alienado, mas também da máquina do Estado enquanto tal.

[5] O texto "Temas marxianos sobre o estado" encontra-se no capítulo IV deste livro. Sobre Bobbio e o marxismo cf. F. Sbarberi, "Quel che resta di Marx. La riflesssione di Bobbio durante e dopo la Resistenza" ["O que resta de Marx. A reflexão de Bobbio durante e depois da Resistência"], in *Laboratoire italien. Politique et société*, Lyon, ENS édition, 12, 2012, p. 185-202.

Como Bobbio chegou a essa conclusão? Já em *Sozialismus und Staat* (1920), de Kelsen, por ele cuidadosamente estudado nos anos de "aprendizado", era sublinhado o viés messiânico do pensamento de Marx: "Quando o marxismo expõe o seu objetivo político como o resultado necessário de um desenvolvimento conforme leis causais, vale-se da mesma ficção usada pela ética religiosa, que afirma a realização definitiva do bem como resultado da onipotência divina"[6].

A página de 1969 citada anteriormente e outros escritos presentes neste livro confirmam que Bobbio também atribui a Marx uma concepção providencialista da história da humanidade, pontuada por movimentos de "queda" (o trabalho assalariado reduzido a mercadoria) e de "redenção" (a "revolução socialista como ato resolutivo"). Todavia, entendida "como sociologia *crítica*, como *crítica* do que existe", a obra marxiana continua a levantar problemas reais irrefutáveis. Entre as décadas de 1980 e 1990, sempre filtrando Marx pelo viés socialista liberal, Bobbio apontará os seguintes aspectos: 1) o primado do poder econômico sobre o político e o cultural, ainda mais opressor hoje que no século de Marx; 2) a redução do trabalho a mercadoria e a tendência da economia capitalista de produzir a mercantilização universal de todas as relações humanas; 3) a busca por condições que tornem possível realizar na sociedade global os valores da liberdade e da justiça social.

Os escritos de Bobbio aqui reunidos e algumas cartas depositadas em seu arquivo destacam aspectos posteriores de sua abordagem crítica de Marx e da teoria comunista do Estado. Entre as duas Guerras, a interpretação filosófica do marxismo que havia influenciado principalmente os jovens estudiosos era

[6] O trecho de Kelsen, ligeiramente modificado na tradução, pode ser lido também na versão italiana de R. Racinaro (org.), *Socialismo e Stato* [Socialismo e Estado] (Bari, De Donato, 1978, p. 10).

o neoidealismo. Em 1937 e em 1941, Gentile e Croce haviam relançado dois trabalhos seus datados do final do século XIX: respectivamente, *La filosofia di Marx* [A filosofia de Marx] e *Materialismo storico ed economia marxistica* [Materialismo histórico e economia marxista]. Para Gentile parecia que a filosofia de Marx havia instituído um nexo inseparável entre pensamento e ação, mas com instâncias idealistas incoerentemente desenvolvidas. Para Croce, por sua vez, parecia que o marxismo era um "cânone" empiricamente útil para a pesquisa e interpretação histórica, mas evanescente como filosofia e como teoria econômica. "Também nós" — lembra em retrospecto Bobbio —, "para recomeçar a filosofar, tivemos que acertar as contas com o idealismo, assim como Marx tinha acertado as contas com a filosofia de Hegel. [...] Mas, depois, percebemos que as contradições eram apenas idealmente, isto é, teoricamente, superadas. E então veio a crise"[7].

Qual crise? No exílio parisiense na década de 1930, Carlo Rosselli procurou ir "além" de Marx, conjugando os valores da democracia política com os do socialismo, um livre enfrentamento social com a "constitucionalização" do sistema de fábrica. Em 1941, saíram as *Lezioni* [Lições] de Calogero sobre o materialismo histórico. Atento aos reconhecimentos histórico-sociais e economista afiado quando descreve os processos de acumulação e de centralização dos capitais na Inglaterra oitocentista, Marx havia cometido o erro de decifrar as leis "eternas" da economia com os instrumentos de uma teoria inadequada. Calogero imputava à teoria do valor de Marx não tanto a incapacidade analítica de descrever os mecanismos de funcionamento da economia capitalista, quanto a intenção sub-reptícia de pas-

---

[7] "Il giovane Marx" ["O jovem Marx"], conferência feita em Pisa, em 3 de junho de 1952, no cap. II deste livro.

sar à "dedução absoluta da essência do valor econômico, válida para qualquer possível experiência histórica passada, presente e futura"[8].

Fortalecido por tais leituras e pela frequência assídua ao núcleo turinês de Giustizia e Libertà [Justiça e Liberdade], no início dos anos 1940, Bobbio começa a militar nas fileiras do Partito d'Azione [Partido de Ação]. Daí em diante, no centro de suas aulas e de seus seminários vai-se desenhando uma teoria da democracia como uma mistura equilibrada de valores da liberdade e da igualdade e como direito das massas populares de participar diretamente da construção do Estado novo. A dimensão moral do homem é a liberdade, mas o sujeito que permite superar a "tensão" entre a liberdade individual e a comunidade é a "pessoa", ou seja, "o indivíduo em relação de reciprocidade com outros indivíduos"[9]. De Florença, Calamandrei também havia lembrado que o ponto de partida é "o respeito à pessoa humana, considerada como fim em si mesma, e não como instrumento do interesse público"[10]. Análogas são as consequências políticas daí emanadas. "No binômio *justiça e liberdade*, justiça é o meio, e liberdade é o fim [...]. O bem-estar econômico não é mais concebido materialisticamente como um fim em si mesmo, mas considerado como condição para dar a cada homem a possibilidade de viver, livre da necessidade, a sua vida espiritual, que é a verdadeira meta e o verdadeiro dever de cada um[11]".

---

[8] G. Calogero, *Lezioni di storia della filosofia. Intorno al materialismo storico* [Lições de história da filosofia. Em torno do materialismo histórico], Pisa, GUF, 1941, p. 43.

[9] N. Bobbio, *Lezioni di filosofia del diritto* [Lições de filosofia do direito], ano acadêmico 1941-1942, Pádua, Regia Università di Padova, 1942, p. 106-109.

[10] P. Calamandrei, "Prefazione" ["Prefácio"] de 1943-44 a C. Beccaria, Dei delitti e delle pene [Dos delitos e das penas], Florença, Le Monnier, 1950, p. 126.

[11] P. Calamandrei, "Appunti sul concetto di legalità" ["Notas sobre o conceito de legalidade"], in M. Cappelletti (org.), *Opere giuridiche* [Obras jurídicas], III, com apresentação de C. Mortati, Nápoles, Morano, 1968, p. 111.

Por alguns experienciado em um viés laico, por outros em um viés religioso, o personalismo havia sido novamente proposto na Europa nas décadas de 1930 e 1940 com o propósito de frustrar o mecanismo amigo/inimigo das ideologias totalitárias. Na reflexão de Bobbio, o que é impressionante é a postura metódica com vistas a frustrar antigas e novas versões "teológicas" da política comuns tanto ao pensamento religioso quanto ao marxista. Também na polêmica filosófica sobre Hegel e Marx que terá no início da década de 1950 com Felice Balbo, Bobbio não pretende colocar em discussão a leitura cristã deste último, mas a sua falta de distinção entre o racionalismo absoluto de Hegel e o racionalismo crítico, entre o cientificismo de Marx e a ciência moderna. "A ciência cria um hábito crítico" — escreve Bobbio — "que nada tem a ver com o cientificismo e com o racionalismo absoluto, o qual é justamente filho daquela mentalidade teológica que todo o racionalismo crítico combate"[12]. A missão do leigo não é confundir Hegel com o conjunto da filosofia moderna ou arrancar os olhos a um Marx hegelianejante, mas, como já havia sustentado na temporada em Pádua, "[...] revelar a aliança entre o espírito teológico dos clérigos e o ânimo mercantil dos homens de negócio. [...] O leigo aceita, sim, do espírito mercantil o valor da iniciativa, como aceita do espírito dos clérigos a seriedade e a severidade da pesquisa. Mas rejeita do primeiro o cinismo, e do segundo a vaidade[13]".

O que Bobbio tem em mente quando alude à relação entre o espírito teológico dos clérigos e o comércio? Essencialmente,

---

12 N. Bobbio, "Le due escatologie" ["As duas escatologias"], no cap. I deste livro.

13 Id., "Politica laica" [Política laica] (1946), in *Tra due repubbliche. Alle origini della democrazia italiana* [*Entre duas repúblicas: às origens da democracia italiana*], com nota introdutória de T. Greco, Roma, Donzelli, 1996, p. 35.

o consociativismo rasteiro que há muito estava em vigor entre o comunismo e alguns setores do catolicismo, não obstante as polêmicas de princípio entre as duas linhas. "Éramos movidos pela convicção [confirmaria Bobbio cinquenta anos depois] de que o nascimento do novo Estado democrático estaria ameaçado pelo contraste irredutível entre duas igrejas contrapostas, a comunista e a democrata-cristã, que, apesar dos contrastes, teriam chegado a um compromisso prático, como de fato chegaram, com a inserção da Concordata no art. 7 da Constituição[14-15]."

A conferência "Marxismo e socialismo liberal", primeiro dos documentos aqui publicados, não volta ao tema do laicismo, mas enfrenta o tema, mais estritamente político, da crítica da esquerda democrática à concepção marxista do Estado. São frequentes, ainda que indiretos, os apelos às noções de liberdade de Croce e de Popper, mas o raciocínio de fundo é inspirado por Carlo Rosselli: no juízo sobre a burguesia revolucionária do século XVIII e a conservadora da Restauração; na individualização do que está vivo e morto do pensamento marxiano; no apelo às formas associativas e à estratégia reformista do trabalhismo inglês; na "fé na liberdade não apenas como fim, mas também como meio". Totalmente ausente está a síndrome da interpretação "autêntica" e "genuína" de Marx, que, no pensamento marxista da época e dos anos se-

[14] A Concordata aqui referida são os termos do Tratado de Latrão, assinados em 1929 pelo ditador do então Reino da Itália, Benito Mussolini, e o secretário de Estado da Santa Sé, Pietro Gaspari. Esse tratado previa indenização pelos Estados pontifícios anexados ao reino quando da unificação da Itália, o reconhecimento da soberania da Santa Sé sobre o Estado do Vaticano, e a regulação do papel da Igreja e do catolicismo no Estado italiano. Em 1948, após a Segunda Guerra, o Tratado de Latrão foi inserido na constituição da República Italiana pelo artigo 7. O Estado italiano foi oficialmente católico até 1978, quando o Tratado foi revisto, e o divórcio legalizado, e apenas em 1984 passou a ser laico, extinguindo o ensino religioso obrigatório e a proibição a ex-sacerdotes de assumirem cargos públicos. [N.E.]

[15] Id., "Democrazia integrale" ["Democracia integral"] (1996), *ibid.*, p. 112.

guintes, aparece como uma verdadeira forma de fanatismo apropriativo. Bobbio retoma a crítica marxiana à filosofia hegeliana do direito público, a relação entre estrutura e superestrutura, o dualismo entre capital e trabalho, a concepção liberal-democrática do Estado e a marxista. A respeito desta, eis a questão de fundo que ele levanta:

> Para nós está claro que, quando dizemos que o Estado capitalista é a ditadura da burguesia, devemos distinguir duas formas como a burguesia pode exercer essa ditadura. Pode exercê-la à maneira própria de um Estado democrático: nesse caso, tem-se uma ditadura da burguesia exercida na forma jurídica de um Estado liberal. Mas também pode ser uma ditadura da burguesia exercida na forma de uma ditadura política. Eis a diferença entre o Estado italiano antes do fascismo e o Estado italiano do fascismo. [...] É natural, portanto, fazer a pergunta: quando Marx fala de ditadura do proletariado, quer falar de ditadura econômica, ou também de ditadura política? A resposta que se pode extrair dos livros de Marx não é sempre segura: aqui estão duas interpretações radicalmente diversas do marxismo [...].

A primeira interpretação, que remonta ao período da II Internacional, distingue ditadura de classe e ditadura política. A segunda, praticada na Rússia desde os tempos de Lênin, é uma contaminação entre as duas formas ditatoriais. Com a política das frentes populares, continua Bobbio, o comunismo ocidental tentou elaborar uma concepção "intermediária" da ditadura, mas em termos nada convincentes. Costuma-se pensar que "[...] o proletariado deva conquistar democraticamente o poder, porém não seja obrigado a manter as formas democráticas se o poder for conquistado por meios democráticos: desse modo, admite-se que a democracia sirva para se chegar ao poder, mas não sirva para conservá-lo[16]".

O tema será retomado também na década de 1950 (o segundo dos "momentos cruciais" lembrados por Bobbio). A linha da "democracia progressiva" elaborada pelos comunistas italianos e pelos cristãos sociais como Franco Rodano, ao mesmo tempo em que não apontava para o futuro um quadro institucional definido, exigia de imediato uma gestão centralizada da política da parte de uma "frente nacional" que incluía a quase totalidade dos partidos e das classes sociais e um programa de governo a ser pactuado no curso da obra. Era uma concepção da democracia de tipo consociativo, que afetava de saída seja a ideia de um enfrentamento permanente, ainda que regulado, das forças conservadoras, seja a perspectiva pluralista e descentrada da participação política, como havia cogitado o Partito d'Azione. Uma "terceira via" entre a democracia liberal e a ditadura do proletariado, à qual os comunistas italianos ficariam ambiguamente ancorados até a dissolução de seu partido.

Mas, antes, em *Politica e cultura* [Política e cultura] (1955), e posteriormente em alguns escritos da década de 1970, Bobbio esclareceu repetidas vezes que um regime democrático não tem apenas o dever de acabar com as desigualdades de poder econômico, político e cultural, mas também de garantir os "limites do poder estatal". "É muito mais fácil [escreveu, polemizando com Togliatti[17]] livrar-se do liberalismo se se o identificar com uma teoria e uma prática

---

[16] "Marxismo e socialismo liberal", *infra*, cap. I deste livro.

[17] Palmiro Togliatti (1893-1964), secretário-geral do PCI – Partido Comunista Italiano – de 1927 a 1934 e de 1938 até sua morte. Foi vice-presidente do Conselho de Ministros do Reino da Itália de dezembro de 1944 a junho de 1945, ministro da Justiça de 1945 a 1946 e deputado por quatro legislaturas.

da liberdade como poder (em particular, o poder da burguesia), ao passo que é bem mais difícil livrar-se dele quando é considerado a teoria e a prática dos limites do poder estatal, sobretudo em uma época como a nossa, em que tantos Estados onipotentes ressurgiram[18]". Na década de 1970, acrescentaria que "um sistema que funciona com uma grande coalizão", como o cogitado pelos comunistas italianos, a longo prazo, "por si só já é uma mudança de sistema"[19], porque estranho à lógica da alternância de governo entre forças políticas de esquerda e de direita.

Não nos parece que o confronto de Bobbio com o mundo comunista seja comparável ao que se estabeleceu na década de 1960 com o movimento estudantil. Os estudantes de 1968 mais radicais não se identificavam, gramscianamente, com a figura do "intelectual orgânico", que depura as classes subalternas dentro e através do partido. E nem sequer eram atraídos por aqueles homens de cultura liberal-democrática, como Bobbio, que continuavam a dialogar com os comunistas com base na comum aceitação dos princípios constitucionais de 1948. Nas salas de aula e nas ruas, o novo movimento repetiria sempre que "o Estado burguês se derruba, não se transforma". Na origem dessas palavras de ordem estava uma concepção do agir político fundada na mobilização ininterrupta das massas estudantis e de seus aliados sociais em vista de um naufrágio global do sistema capitalista. O terreno privilegiado era o da análise e

[18] N. Bobbio, *Politica e cultura* [Política e cultura], introdução e organização de F. Sbarberi, Turim, Einaudi, 2005, p. 237.

[19] N. Bobbio, "Questione socialista e questione comunista" ["Questão socialista e questão comunista"] (1976), in Id., *Compromesso e alternanza nel sistema politico italiano. Saggi su "MondOperaio", 1975-1989* [Compromisso e alternância no sistema político italiano. Ensaios sobre "MondOperaio", 1975-1989], introdução de C. Donzelli, posfácio de L. Cafagna, Roma, Donzelli, 2006, p. 203.

da contestação do papel que as profissões humanísticas e técnico-científicas, de um lado, e as funções operárias, de outro, desempenham na divisão capitalista do trabalho. O movimento estudantil, lê-se em um documento de Turim, "tende a abrir uma frente de luta permanente no interior da sociedade burguesa" para aguçar-lhe as contradições, refutando "a delegação aos profissionais da política e, portanto, a composição parlamentar e sindical do dissenso"[20].

Apesar de, depois da ocupação da universidade turinesa, em novembro de 1967, a reação de Bobbio não ter nada de hostil. Veja-se esta carta de fim de ano a Pietro Nenni:

> [...] nossos melhores estudantes, os que dirigem as agitações, pedem, e têm razão em pedir, uma maior moralização da vida universitária, em especial um empenho mais sério por parte dos docentes no desenvolvimento de suas obrigações acadêmicas. Eu estou totalmente com eles, contra a maior parte de meus colegas. E se a luta se radicalizou este ano nas formas de um extremismo revolucionário que preocupa os que se ocupam da sorte do nosso ensino superior, isso se deve ao fato de que muitos professores são surdos a qualquer apelo que lhes desvie de suas atividades extrauniversitárias.
>
> Justamente nesses dias ouvimos no Parlamento discursos de professores universitários que reivindicaram o direito de serem, simultaneamente, deputados e professores. Tais discursos provocaram em nossos estudantes mais sérios, com os quais tenho contato diário, uma indignação nova e justa. A universidade italiana se salva apenas com docentes que exerçam seriamente, com plena dedicação, o próprio dever. [...] Há anos prego, mas prego no deserto. Agora, por ocasião dessas agitações, aproveitei para fazer

---

[20] *Documenti per l'agitazione N° 3* [Documentos para a agitação N° 3], Turim, outubro de 1968, p. 13-14.

> contato com os estudantes da ocupação e aceitar uma sincera e leal colaboração com eles com o objetivo de estabelecer novas bases para minha atividade de professor. Creio que seja a única maneira para fazer justiça a quem defende, ainda que nem sempre com meios legítimos, uma causa justa. Preparei com eles e para eles um programa comum de seminários múltiplos que exigirá de minha parte um empenho constante.[21]

Quem participou diretamente daqueles seminários na década de 1960, frequentemente dedicados às evoluções do marxismo teórico na Itália, na Alemanha e na França (nos quais a leitura da relação Hegel-Marx mais cara aos jovens pesquisadores e estudantes era a da escola dellavolpiana), sabe que Bobbio havia acompanhado com atenção todos os relatórios, elogiando seus aspectos metodologicamente inovadores sem jamais sobrepor a sua visão do marxismo aos vários pontos de vista. Depois, em pleno 1968, apareceu na coleção do "Nuovo Politecnico", da Einaudi, a tradução italiana de *Universidade do dissenso*, uma antologia com um ensaio introdutório de Theodore Roszak sobre a "delinquência acadêmica"[22]. Bobbio ficou incomodado, não pelas teses neoiluministas de Roszak e pela crítica severa aos "intelectuais paramilitares" que colaboraram com o governo americano no Vietnã, mas pelo debate sobre a "neutralidade da ciência" que se seguiu na revista bimestral da editora. Eis algumas partes da carta, escrita no calor da hora, a Giulio Einaudi, em setembro do mesmo ano:

---

[21] Carta de N. Bobbio a P. Nenni, de 18 de dezembro de 1967, in Archivio Norberto Bobbio, Stanza Epistolario, 392, u.a. 3030.

[22] In T. Roszak (org.), *L'Università del dissenso* [A Universidade do dissenso], Turim, Einaudi, 1968.

Caro Giulio,

De volta de Roma esta manhã, leio seu jornal, no qual sobressai o título *A delinquência acadêmica*. Para uma editora que vive, em grande parte, da contribuição de professores universitários italianos e estrangeiros, tal título, que cai muito bem na obra de onde foi tirado, colocado ali na frente, como um grito de guerra, fica provocante, antipático e, além de tudo, insensato. Parece-me que uma editora como a sua estivesse em melhores condições para emitir um juízo crítico sobre o problema da função da universidade na sociedade moderna, e para não se deixar arrastar como um tronco desenraizado pela corrente da contestação. Repetindo, e fazendo os seus colaboradores repetirem os temas da revolta, da qual há um ano estão abarrotadas todas as revistas da esquerda, os jornais estudantis etc., qual contribuição você acredita ter dado à discussão hoje em curso? Ou não estaria mais em consonância com uma editora como a sua (permita-me dizer ainda "como a nossa") advertir que o problema das relações entre ciência e sociedade é um pouco mais complicado do que possa parecer àqueles que, para poderem ser tendenciosos a seu modo e sem escrúpulo de consciência, fizeram da *neutralidade* o seu bode expiatório? Tão complicado que, se para uns parece que a neutralidade levou à submissão da universidade aos regimes totalitários, outros creem que, ao contrário, foi uma defesa contra a capitulação. [...] Não posso esquecer que pertenço à geração que aprendeu a olhar com horror a "traição dos clérigos". [...] Não achava necessário repetir, a dez anos do lastimável fim da politização da cultura, que cultura é equilíbrio intelectual, reflexão crítica, sentido de discernimento, aversão a qualquer simplificação, a qualquer maniqueísmo, a qualquer parcialidade, não se deixar levar pelo primeiro vendaval que passa (ainda que seja um vendaval que venha para ficar), não repetir as ordens do dia dos exércitos alinhados para a batalha [...][23]

[23] Archivio Einaudi, in Archivio di Stato di Torino, cart. 23, fasc. 360/2.

Sabemos que o debate nas décadas de 1940 e 1950 entre Bobbio e o comunismo não tinha como objeto a "neutralidade" da pesquisa científica, mas a autonomia dos homens de cultura da "política cultural" dominada pelos partidos. Bobbio não havia negado as implicações ético-políticas da atividade de pesquisa, mas sim a leitura de tipo teológico dos eventos históricos e dos autores por parte dos políticos e dos religiosos. De resto, a questão que alguns docentes (como Pierre Bordieu e Cesare Cases, Guido Quazza e Alain Touraine) levantaram na publicação bimestral da editora Einaudi[24] não tinha em vista justificar o maniqueísmo e o sectarismo de um setor do movimento estudantil, mas criticar a "ilusão" neopositivista da existência de uma ciência pura e a conivência de uma parte do mundo acadêmico internacional com "a potência corruptora do poder político e econômico".

Um ano depois, diante da consolidação organizacional dos grupos operaístas e maoístas e da radicalização da linguagem do movimento estudantil (que, em Turim, havia elogiado "o esquartejamento dos livros em leitura para reparti-los em maços de cinco folhas para cada um dos membros" dos contracursos e execrado o "fetiche da cultura e da ciência" de alguns seminários[25]), Bobbio também aderiu à tese de que a revolta estudantil poderia acelerar o surgimento de uma nova direita reacionária. Nas páginas aqui publicadas sobre "Temas marxianos sobre o Estado", de fato, lê-se o seguinte:

> No momento em que a nossa geração, que passou pelo inferno, poderia transmitir sua própria experiência à nova, aconteceu a

---

[24] *Libri Nuovi*, publicação bimestral da Einaudi, contendo informação sobre livros e cultura, I, setembro de 1968, 2.

[25] G. Viale, "Contro l'Università" ["Contra a Universidade"] (1968), in L. Baranelli e G. Cherchi (orgs.), *Quaderni Piacentini. Antologia. 1962-1968*, Milão, Gulliver, 1977, p. 442.

> ruptura. E, assim, a transmissão foi interrompida. Recomeçou-se do início; é fácil prever que se cometerão os mesmos erros. Começa-se a perceber que a cisão de 1921 foi um erro das esquerdas que custou caro. Mas essa consciência histórica não serve para absolutamente nada. Hoje estamos de novo em cisão. Os verdadeiros inimigos dos comunistas eram então os socialistas, não a direita; agora, o verdadeiro inimigo da nova esquerda não são então os democratas-cristãos (a direita de hoje), mas os comunistas. Não é uma passagem da teoria à prática! A passagem real é das próprias aspirações, dos próprios impulsos emotivos, à prática. [...] a nova esquerda trabalha [...] para a grande reação.[26]

Essa conclusão drástica será depois parcialmente revista e ajustada. O 1968, escreveria alguns anos mais tarde, foi um "movimento libertário" que se limitou muitas vezes a ratificar as decisões de um executivo "carismático", cujo poder resultou "bem mais estável e irresistível do que o de qualquer executivo de um corpo representativo". Os propósitos iniciais do movimento eram outros, mas o êxito do dirigismo estatal estava largamente difundido. A democracia direta foi sempre uma utopia irrealizável nos Estados modernos, cujas "praças servem quase que só à multidão mobilizada, não aos cidadãos participantes". Portanto, toda forma de democracia, seja de assembleias ou representativa, é uma prática que não pode ser improvisada e "um mecanismo muito delicado, que se danifica ao mínimo impacto"[27].

Os anos de 1967 e 1968 marcaram para Bobbio a retomada dos estudos sobre o marxismo teórico na Itália, com a exposição

---

[26] "Temi marxiani intorno allo stato", *infra*, p. 84-85.

[27] N. Bobbio, "Quali alternative alla democrazia rappresentativa?" ["Quais alternativas à democracia representativa?"] (1975), in Id., *Quale socialismo. Discussione di un'alternativa* [Qual socialismo?], Turim, Einaudi, 1976, p. 46-47. Este entendimento será, em essência, confirmado por Bobbio também em sua *Autobiografia* [Diário de um século – autobiografia], organizada por A. Papuzzi, em 1997, e publicada pela Laterza; veja-se, em especial, as p. 155-162.

Gramsci e la concezione della società civile [Gramsci e a concepção da sociedade civil], feita na conferência de Cagliari, de 1967. Nasceu então uma ampla discussão da qual participaram, entre outros, Jean Texier, Luciano Gruppi, Irving Fetscher, Valentino Gerratana, Alessandro Pizzorno, Luciano Gallino, Luigi Cortesi, Franco Calamandrei e Romano Luperini[28]. No ano seguinte, saiu, sob seus cuidados, pela Einaudi, a coletânea de ensaios de Rodolfo Mondolfo (*Umanismo di Marx. Studi filosofici 1908-1966* [Humanismo de Marx. Estudos filosóficos 1908-1966]), um autor que lhe era caro e que ele inseriu na lista de seus "mestres e companheiros"[29].

Sobre as características do marxismo teórico na Itália, Bobbio havia se questionado, em mais de uma ocasião, desde os anos imediatamente pós-guerra. Entre os escritos que publicamos sobre o tema no primeiro capítulo, encontra-se esta afirmação categórica, em anotações provavelmente de 1967:

> O caráter do ítalo-marxismo é a interpretação não materialista de Marx. Labriola (Croce e Gentile), Arturo Labriola, Mondolfo até Gramsci (apenas com Della Volpe começa uma nova escola). [...] Com o exorcismo da *matéria* (abominada!), segue-se uma interpretação hegelianizante de Marx. [...] Outra distinção a ser feita seria entre a hegelianização de Marx (isto é, Marx é um filósofo que pertence à grande tradição do pensamento filosófico, a uma *gran-*

---

[28] A palestra foi publicada em P. Rossi (org.), *Gramsci e la cultura contemporanea. Atti del convegno internazionale di studi gramsciani tenuto a Cagliari il 23-27 aprile 1967* [Gramsci e a cultura contemporânea. Atas da conferência internacional de estudos gramscianos realizada em Cagliari, entre 23-27 de abril de 1967], Roma, Editori Riuniti-Istituto Gramsci, 1969, I, p. 75-100, depois reproduzida em N. Bobbio, *Saggi su Gramsci* [Ensaios sobre Gramsci e o conceito de sociedade civil], Milão, Feltrinelli, 1990, p. 38-65, seguida da *Replica* [Réplica] aos críticos. Quase todos os textos do debate podem ser consultados no site do Centro Studi Piero Gobetti.

[29] A Mondolfo dedicou sucessivamente o ensaio "Umanesimo socialista da Marx a Mondolfo" ["Humanismo socialista de Marx a Moldolfo"] (*Critica sociale*, 1977, 6), in N. Bobbio, *Maestri e compagni* [Mestres e companheiros], Florença, Passigli, 1984, p. 77-101.

> *de época* da filosofia europeia), que é própria daqueles que fazem de Marx um pretexto polêmico contra o positivismo (eu diria que o ítalo-marxismo vai nesse sentido), a marxistização de Hegel (que é própria de *Lukács*, mas de um jeito novo, em relação à tradição italiana). Eu diria que a característica dos italianos — impregnados de hegelianismos — é a operação de reconduzir Marx a Hegel para *enobrecê-lo*. [...] O próprio Mondolfo precisou as características do ítalo-marxismo [...]: repúdio do materialismo metafísico; oposição ao determinismo econômico (isto é, revalorização da superestrutura); exigência de liberdade.[30]

É central, portanto, a interpretação da relação de Marx com Hegel, o significado da dialética materialista[31]. O de Gramsci — escreveu em 1958 — é "[...] um marxismo consequente, do ponto de vista teórico. O materialismo dialético, como materialismo e como dialética. Contra o materialismo que não era dialético e contra o idealismo dialético que era idealista. Bukharin e Croce. Contra Croce: 1) não são as ideias que movem a história; 2) não se resolvem os problemas com uma dialética apenas de conceitos; 3) os intelectuais não são o motor da história.[32]". Na conferência de Cagliari de 1967, a tese de que Gramsci teria recuperado a noção de sociedade civil mais de Hegel do que de Marx (para quem o conjunto das relações ideológico-culturais, muito mais que a estrutura econômica, tornava-se central na dinâmica histórica)

---

[30] "Italo-marxismo" ["Ítalo-marxismo"] (notas para a Introdução a Mondolfo, *Umanismo di Marx*, *op. cit.*), *infra*, p. 38-39.

[31] Vejam-se aqui os estudos sobre a dialética que reunimos no cap. III. No que diz respeito a Marx, entre os textos publicados por Bobbio, cf. "La dialettica in Marx" ["A dialética em Marx"], in *Rivista di filosofia*, XLIX, 1958, 2, p. 334-354, e in *Studi sulla dialettica* [Estudos sobre a dialética], Turim, Taylor, 1958, p. 218-238, reimpresso com o título "La dialettica di Marx" ["A dialética de Marx"], in *Né con Marx né contro Marx*, *op. cit.*, p. 73-97.

[32] "Il marxismo teorico in Italia" ["O marxismo teórico na Itália"] (1958), no cap. I, deste livro, *infra*, p. 36.

suscitou, no âmbito marxista, reações negativas que perduram até hoje[33]. Mas, em Bobbio, esse ajuste não pretendia de fato redimensionar a importância de Gramsci. Antes, pretendia sublinhar a originalidade e o interesse, como se conclui de um trecho do manuscrito de 1969, "Temas marxianos sobre o Estado":

> De Marx se extrai que sempre é preciso distinguir três níveis: a) estrutural; b) institucional; c) ideológico (Marx sempre colocou juntos *b* e *c*, porque centrou sua atenção na diferença entre estrutura e superestrutura. Mas a confusão entre *b* e *c* acabou virando um obstáculo. Gramsci enxerga a distinção entre *b* e *c* de modo mais claro e estabelece a distinção entre sociedade civil e política, entre hegemonia e ditadura). A divisão entre esses três níveis é importante por mais motivos, sobretudo hoje, quando o poder *ideológico* tornou-se um verdadeiro terceiro poder, além do econômico e do político. Também do ponto de vista crítico é importante: começa-se a desmascarar a ideologia (isso é típico do iluminismo contra o obscurantismo dos padres); depois, as instituições (por exemplo, o reformismo); mas somente Marx chega à estrutura. [...] [Marx colocou muita coisa na superestrutura: colocou tudo aquilo que não se encaixava na estrutura. Mas é preciso analisar os vários ingredientes.][34]

Sucessivamente, também a ideia do pensamento revolucionário de dar um sentido e um horizonte ao mundo — e essa é a novidade — foi atentamente avaliada. No ensaio sobre *Gramsci e la teoria politica* [Gramsci e a teoria política], Bobbio oferece um exemplo significativo disso. Precisamente em virtude de

---

[33] Cf. G. Liguori, *Gramsci conteso. Interpretazioni, dibattiti, polemiche 1922-2012* [Gramsci discutido. Interpretações, debates, polêmicas 1922-2012], Roma, Editori Riuniti University Press, 2012: "com um sábio jogo de aproximações e contrastes, Gramsci acabou sendo apenas um dos tantos autores de derivação hegeliana" (p. 199).

[34] "Temas marxianos sobre o Estado", *infra*, p. 85-86.

sua abordagem revolucionária nos *Cadernos do cárcere*, Gramsci desenvolveu com originalidade o tema clássico das "mutações", elaborando, em especial, as célebres dicotomias: guerra de movimento/guerra de posição; revolução passiva/jacobinismo; crises momentâneas/crises orgânicas[35]. Em nossa opinião, outros pares opositivos do Gramsci dos *Cadernos* confirmam a intuição bobbiana[36]: arbítrio individualista/personalidade no sentido orgânico; cesarismo regressivo/cesarismo progressivo; centralismo burocrático/centralismo democrático; sociedade política/sociedade regulada. Cesarismo progressivo, conformismo a partir de baixo, personalidade no sentido orgânico, sociedade regulada não foram elaborados por Gramsci para uma recuperação estratégica da democracia dos modernos. Assumem, pelo contrário, uma identidade definida e politicamente coerente apenas no interior de uma sociedade pós-revolucionária, em que os indivíduos parecem induzidos a convergir harmoniosamente.

Dos anos de 1969 a 1978, ensino e debate público se imbricam na questão marxismo e Estado. Bobbio lhe dedica cursos[37], conferências e seminários (vejam-se os textos reunidos no quarto capítulo do presente livro), ainda que jamais enfrentando, em suas publicações, a teoria do Estado criada por Gramsci no "Caderno 10" e no "Caderno 22": a análise da

---

[35] N. Bobbio, "Gramsci e la teoria política", in F. Sbarberi (org.), *Teoria politica e società industriale. Ripensare Gramsci* [Teoria política e sociedade industrial. Repensar Gramsci], Turim, Bollati Boringhieri, 1988, p. 39.

[36] Sobre este ponto, veja-se também F. Sbarberi, *L'utopia della libertà eguale. Il liberalismo sociale da Rosselli a Bobbio* [A utopia da liberdade igual. O liberalismo social de Rosselli a Bobbio], Turim, Bollati Boringhieri, 1999, em particular p. 34-38.

[37] Cf. o curso de Filosofia da política de 1972-73 e as respectivas apostilas *Società e Stato da Hobbes a Marx* [Sociedade e Estado, de Hobbes a Marx], em colaboração com M. Bovero, Turim, Clut, 1973, cujo capítulo sobre Marx foi depois sintetizado por Bobbio no verbete *Marxismo* [Marxismo], do *Dizionario di politica* [Dicionário de política], Turim, Utet, 1976.

tentativa fascista de responder à "tendência de queda da taxa de lucro", planificando o conjunto da sociedade que não está na fábrica. Basicamente, uma maneira de ler o fascismo além do fascismo, em um país capitalista "periférico". A discussão pública se referia a outros temas e se desenvolveu a partir de dois artigos de Bobbio publicados em 1975, em *Mondoperaio*[38]. No prefácio a *Qual socialismo?*, Bobbio achava válida a teoria marxiana do Estado como instrumento de domínio, mas, por outro lado, de utilidade escassa as poucas indicações sobre o Estado de transição:

> O que acreditei encontrar em Marx é uma teoria realista do poder estatal, o que acreditei não encontrar é uma teoria na mesma medida realista das instituições pelas quais o poder estatal pode ser exercido nos diversos períodos e em diversas situações históricas.[39]

Mais tarde, houve um debate suscitado pelas teses de Althusser — autor que jamais angariou a simpatia de Bobbio — divulgadas na conferência veneziana de 1977, *Potere e opposizione nelle società postrivoluzionarie* [Poder e oposição nas sociedades pós-revolucionárias], e retomadas em um artigo sobre o "manifesto". O filósofo francês reconhecia as carências do marxismo na reflexão sobre o Estado e se questionava sobre as distorções na relação partido/Estado/sociedade civil nos "países socialistas". O debate se desenrolava sob o signo da "crise do marxismo", ou, "mais propriamente, de marxistas em crise", como precisa-

---

[38] "Esiste una dottrina marxistica dello stato?" ["Existe uma doutrina marxista do Estado?"] e "Quali alternative alla democrazia rappresentativa?" ["Quais alternativas à democracia representativa?"], mais tarde reunidos a outros ensaios no pequeno livro *Qual socialismo?*, *op. cit.*

[39] Bobbio, *Quale socialismo?*, *op. cit.*, p. xiv.

va Bobbio, segundo o qual mais uma vez se evitava o tema dos mecanismos e das instituições para controlar o poder político e garantir o exercício dos direitos fundamentais de liberdade no socialismo[40].

A incapacidade dos socialismos reais de se desenvolverem pacificamente rumo a formas democráticas, e, por fim, a sua implosão, sugeriam ao filósofo turinês outras grandes intervenções. Antes de mais nada: se o comunismo inspirado no marxismo tivesse um final catastrófico, os problemas de fundo levantados pelo marxismo não teriam de fato desaparecido. Convém reler algumas linhas do famoso artigo *L'utopia capovolta*:

> Em um mundo de terríveis injustiças, como ainda é aquele em que são condenados a viver os pobres, os desamparados, os esmagados por inacessíveis e aparentemente imutáveis grandes potências econômicas, das quais quase sempre dependem os poderes políticos, mesmo os formalmente democráticos [...] os problemas continuam, exatamente os mesmos problemas, que existem agora, ou existirão num futuro próximo, em escala mundial, e que a utopia comunista havia apontado e considerado solucionáveis.[41]

Em segundo lugar, essa falência comportava também a ruína das teorias que haviam inspirado os socialismos reais, e que neles se haviam tornado doutrinas de Estado? Em que medida estavam envolvidos os pais fundadores do comunismo moderno?

---

[40] Id., "Teoria dello Stato o teoria del partito?" ["Teoria do Estado ou teoria do partido?"], in *Discutere lo stato. Posizione a confronto su una tesi di Louis Althusser* [Discutir o Estado. Posição em relação a uma tese de Louis Althusser], Bari, De Donato, 1978, p. 95-104.

[41] N. Bobbio, "L'utopia capovolta" ["A utopia de cabeça para baixo"], em *La Stampa*, 9 de junho de 1989; mais tarde, no livro que leva o mesmo título, Turim, Editrice La Stampa, 1990, p. 129-130.

Na realidade, se as tentativas de sacralizar Marx pelo marxismo-leninismo ou por leituras de todo modo dogmáticas haviam sido sempre refutadas por Bobbio, a ideia de lhe zerar o pensamento após a agonia e a implosão do comunismo soviético o deixou da mesma forma perplexo. No manuscrito de 1983, "Marx vivo?", aqui reunido, ele reafirma que "*enquanto existirem sociedades capitalistas, a crítica marxiana não perderá nada de sua extraordinária força subversiva*"[42].

Bobbio, que nunca foi marxista e tampouco marxólogo, mas também "jamais nem mesmo um marxóbofo"[43], repelia as precipitadas declarações de óbito. No discurso de abertura do seminário de Turim de 1992, "Rileggere Marx dopo il diluvio" [Reler Marx depois do dilúvio], convidava a confrontar Marx criticamente e sem recorrer às tradicionais estratégias de salvação, mas ao mesmo tempo excluindo o "repúdio muitas vezes emocional, irritado, passional e acrítico que se seguiu aos acontecimentos de 1989". Nesse seminário, Bobbio sustentaria também a validade de duas proposições fundamentais de Marx: "a) o primado do poder econômico sobre o político [...]; b) a previsão de que, pelo mercado, tudo pode transformar-se em mercadoria, do que vem o princípio inevitável para a sociedade da mercantilização universal"[44]. São teses que havia defendido também em uma carta a Paolo Sylos Labini, de 19 de maio de 1991, por nós citada, e cujo conteúdo o amigo economista levou em conta no artigo "Carlo Marx: è tempo

[42] *Vide* cap. v.

[43] N. Bobbio, "Ancora a proposito di marxismo. Lettera a Costanzo Preve" ["Ainda a propósito de Marxismo. Carta a Costanzo Preve"] (1993), in *Né con Marx né contro Marx*, *op. cit.*, p. 235. Mas veja-se também sobre isso a carta a Aurelio Macchioro que citamos no último capítulo.

[44] Discurso inaugural de Bobbio no seminário "Rileggere Marx dopo il dilúvio", organizado nos dias 11-13 de março de 1992, por Michielangelo Bovero, Marco Revelli e Franco Sbarberi, junto ao Departamento de estudos políticos de Turim. Conferir isso também em Bobbio, *Né con Marx né contro Marx*, *op. cit.*, p. 241-247; o trecho relatado está na p. 246. As atas do seminário foram reunidas in *Teoria politica*, ix, 1993, 2.

di un bilancio" [Karl Marx: é hora de um balanço], publicado em *Ponte*, no verão daquele mesmo ano[45].

No mesmo período, discutindo sobre dilemas teóricos e políticos do socialismo liberal contemporâneo, Bobbio recordaria que, na sociedade global, os problemas de liberdade e igualdade a serem resolvidos são substancialmente dois: "[...] de liberdade para todos os povos, e são a maior parte, em que não existem governos democráticos, e de igualdade em relação à distribuição da riqueza. Se quisermos dizer que os dois problemas remetem, o primeiro, à doutrina liberal, o segundo, à socialista, então o digamos. Mas eu me reconheço melhor, também do ponto de vista emotivo, no lema: "Justiça e Liberdade[46] ".

Para concluir, se tentamos resumir as condições de uma "relação laica" com o pensamento de Marx, para Bobbio, constituem-se substancialmente duas:

1) Recusar a autorreferencialidade da escolástica marxista, com a sua tendência a comentar "Marx com Marx ou com alguns escritores autorizados", com um recurso implícito ao princípio da autoridade; e a fechar-se nas "doutas e sutis exegeses de textos marxianos ou marxistas [...] perpetuando um hábito, um vício, uma deformação, totalmente acadêmica (e, assim, pouco marxiana)"[47]. "Um costume bastante frequente do marxista é o de citar Aristóteles, em vez de olhar na luneta", diz, na conferência "Marxismo e ciências sociais", de 1975, publicada neste livro[48].

---

[45] No livro, o artigo depois se juntou a mais verbetes, sob o mesmo título, publicado pela Laterza em 1994.

[46] N. Bobbio, "Introduzione. Tradizione ed eredità del liberalsocialismo" ["Introdução. Tradição e herança do socialismo liberal"], in M. Bovero, V. Mura e F. Sbarberi (orgs.), *I dilemmi del liberalsocialismo* [Os dilemas do socialismo liberal], Roma, La Nuova Italia Scientifica, 1994, p. 59.

[47] Bobbio, *Quale socialismo?*, op. cit., p. 26-28.

[48] *Vide* cap. v, p. 106.

2) Considerar Marx um clássico com o qual é necessário acertar as contas, como se faz com Hobbes ou com Hegel. Com a advertência de que "Marx não é um Kant nem um Leibniz, para os quais uma discussão puramente teórica também pode ser um fim em si mesma. Em uma discussão sobre Marx, o problema da teoria é inseparável do da práxis". Justamente por isso, Bobbio não amava as disputas, muitas vezes escolásticas, "que distraem os filósofos e são obscuras para os profanos", e se perguntava: "[...] não seria mais sábio, como aliás fazem os economistas e sociólogos que se remetem ao marxismo, utilizar a obra de Marx para o que ainda é utilizável, com o objetivo de lhe extrair instrumentos conceituais adaptados à análise da sociedade contemporânea[49]".

Essa é a indicação presente também na carta a Sylos Labini.

O prefácio da compilação organizada por Carlo Violi em 1997, com um título que resume com uma dupla negação (*Né con Marx né contro Marx*)[50] a distância crítica, mas também o constante confronto com Marx e com o marxismo, encerrava-se com uma citação de *Making sense of Marx* (1985), de Jon Elster:

> Não é possível hoje moral e intelectualmente ser marxista no sentido tradicional [...] Todavia, eu creio que seja possível ser marxista em um sentido bastante diferente do termo [...] A crítica da exploração e da alienação permanece central.

---

[49] Bobbio, *Quale socialismo?*, *op. cit.*, p. 24-25.

[50] O título é o eco de uma conhecida entrevista sobre o comunismo: N. Bobbio, "Né con loro né senza di loro" ["Nem com eles nem sem eles"], in *Nuvole*, II, 1992, 3, depois in Id., *Il dubbio e la scelta* [*A dúvida e a escolha*], Roma, La Nuova Italia Scientifica, 1993, p. 213-223.

ADVERTÊNCIA À EDIÇÃO ITALIANA[1]

A escolha dos textos foi feita com base em um reconhecimento dos papéis de Norberto Bobbio sob a custódia do Centro studi Piero Gobetti, de Turim, para onde, da casa do professor na via Sacchi, foram transferidos, no final de 2004, depois do falecimento do filósofo. O Arquivo Norberto Bobbio (citado ao longo do livro com a sigla ANB) está organizado em 430 pastas, contendo 4.362 unidades arquivísticas, situadas em uma ampla instalação do primeiro andar da via Fabro, 6. As pastas, além do número, têm um nome extraído do lugar que os documentos ocupavam na via Sacchi (Corredor, Laboratório etc.). O Arquivo, de propriedade da família, foi entregue em comodato, por tempo indeterminado, ao Centro Gobetti, seguindo os procedimentos convencionados em 2002 entre o professor e o Centro.

O arquivamento dos documentos, iniciado logo depois da transferência, foi efetuado pelas arquivistas Marina Brondino e Enrica Caruso, com a coordenação científica de Pietro Polito,

1 A proposta deste livro é reunir escritos não terminados, não publicados; trata-se de uma obra não acabada, que reúne textos que Bobbio não burilou. São anotações, fichas, enfim, material não publicado e, muitas vezes, não revisado. Então, a falta de trabalho em algumas frases, a ausência de pontuação em alguns trechos etc. é normal. [N. T.]

que, por décadas, foi secretário e colaborador de Bobbio, e, agora, é diretor do Centro studi Piero Gobetti[2].

Entre os textos, escolhemos apenas os mais estruturados, deixando de lado anotações esparsas de menor interesse e também as fichas de leitura dos livros e as cartas. Quanto aos apontamentos de leitura — frequentemente em minúsculos pedacinhos de papel —, constituem uma parte muito sólida do Arquivo, e são, juntamente com a biblioteca de Bobbio, uma fonte preciosa para saber o que e como ele leu, o que sublinhou, citou, e, algumas vezes, comentou a respeito de um autor. No entanto, só faria sentido reproduzi-los em um volume de dimensão completamente diferente e com outros objetivos filológicos. Quanto às cartas, consideramos que muitas, sobre o tema em questão, já haviam sido publicadas na íntegra ou em extratos[3]. Contudo, não deixamos de reproduzir duas cartas sobre marxismo: a primeira a Aurelio Macchioro, a segunda a Paolo Sylos Labini. Além dessas cartas, o volume reúne dezessete textos, da conferência sobre marxismo e socialismo liberal que ocorreu em Pádua, em 29 de maio de 1946, até anotações por ocasião do centenário da morte de Marx, de 1983.

---

[2] Entre os numerosos estudos de P. Polito sobre Bobbio, é particularmente interessante para as considerações sobre o Arquivo: "Norberto Bobbio tra le sue carte" ["Norberto Bobbio entre as suas cartas"], in *Nuova Antologia*, 2239, julho-setembro de 2006, p. 67-77. Também obtivemos notícias da descrição do Arquivo que se encontra no site do Centro studi Piero Gobetti (http://www.centrogobetti.it/bobbio/archivio/205-descrizione-dellarchivio.html).

[3] Além das cartas reproduzidas em Bobbio, *Né con Marx né contro Marx*, *op. cit.*, cf.: extratos da correspondência com Della Volpe, in N. Bobbio, *La mia Italia* [A minha Itália], organização de P. Polito, Florença, Passigli, 2000, p. 254-268; N. Bobbio – G. Tamburrano, *Carteggio su marxismo, liberalismo, socialismo* [Correspondência sobre marxismo, liberalismo, socialismo], Roma, Editori Riuniti, 2007; parte da correspondência com Danilo Zolo, in Id., *Su Bobbio. Con venticinque lettere inedite di Norberto Bobbio a Danilo Zolo* [Sobre Bobbio. Com 25 cartas inéditas de Norberto Bobbio a Danilo Zolo], Milão, Feltrinelli, 2008, p. 133-176; N. Bobbio – E. Garin, *"Della stessa leva". Lettere (1942-1999)* ["Da mesma leva". Cartas (1942-1999)], organização de T. Provvidera e O. Trabucco, Turim, Nino Aragno, 2011; E. Peyeretti, *Dialoghi con Norberto Bobbio su politica, fede, nonviolenza. Con trentanove lettere inedite del fisolofo* [Diálogos com Norbertto Bobbio sobre política, fé e não violência. Com 39 cartas inéditas do filósofo], Turim, Claudiana, 2011.

Subdividimos esse material em capítulos, seguindo alguns temas fundamentais dos estudos de Bobbio sobre marxismo e ordenando-os cronologicamente em cada capítulo.

Alguns escritos são lembretes pessoais de pontos essenciais em relação a um argumento particular. Em outros, os conceitos analisados merecem um tratamento mais amplo, mas, de todo modo, diferente dos textos destinados à publicação. Compare-se, por exemplo, a análise minuciosa dos *Manuscritos econômico--filosóficos* de 1844, constante do relatório para a seção turinense do Istituto filosofico, de 25 de janeiro de 1949, com o prefácio à tradução dos *Manuscritos*, publicada no mesmo ano pela Einaudi, que é de certa forma a sua síntese. Seria possível dizer o mesmo para o texto *Le due escatologie* [As duas escatologias], muito mais extenso e polêmico do que a crítica a Felice Balbo, contida no artigo de 1950, "La filosofia prima di Marx" [A filosofia antes de Marx][4].

A escrita de Bobbio é rápida e nervosa, inacessível, cheia de abreviações. Para tornar mais fluida a leitura, seguimos o critério de completar a palavra onde o remate fosse incontroverso, razão pela qual não transcrevemos: M[arx], L[abriola], *Mn*[*Manoscritti*], fil[osofia], m[arxismo], mat[erialismo] histórico, posit[ivismo], alienaç[ão], mas: Marx, Labriola, *Manoscritti*, filosofia, marxismo, materialismo histórico, positivismo, alienação etc. Além disso, com o passar dos anos, a escrita foi tornando-se cada vez menos clara e mais difícil de decifrar. Cristina Balzano fez uma primeira transcrição, a qual revisamos cuidadosamente. Apenas algumas vezes recorremos à indicação <*palavra incompreensível*>, e raramente acrescentamos uma palavra entre colchetes e em itálico no lugar onde parecia haver uma omissão, na pressa de escrever. Em

---

[4] N. Bobbio, "La filosofia prima di Marx", in *Rivista di filosofia*, XLI, 1, 1950, p. 85-88.

algumas citações, incorporamos as aspas de fechamento que faltavam. As numerosas frases escritas por Bobbio nas margens de papéis, quase sempre, passaram a figurar em notas. As palavras sublinhadas no original foram colocadas em itálico. As palavras e frases apagadas tiveram uma remissão em nota apenas quando as consideramos uma variante significativa do texto. Completamos com os acentos apropriados alguns nomes, quando foram esquecidos (por exemplo, Lukács).

Limitamos as notas ao essencial. Não fizemos a remissão das citações para as edições hoje correntes das obras de Marx e Engels etc., parecendo-nos mais útil indicar em nota as edições usadas, ou presumivelmente usadas, por Bobbio.

Agradecemos a quem nos ajudou neste trabalho, e, em particular, às arquivistas Marina Brondino e Enrica Caruso, a Pietro Polito e Claudia Bianco, do Centro studi Piero Gobetti, a Cristina Balzano, a Didi Magnaldi e a Santina Mobiglia, pela decifração dos manuscritos, e a Andrea Bobbio, pela confiança em nós depositada.

C.P. – F.S.

I. SOBRE O MARXISMO TEÓRICO NA ITÁLIA

1. MARXISMO E SOCIALISMO LIBERAL[1]

Podemos dizer que uma teoria do socialismo sempre existiu, porque sempre existiram no homem aspirações a uma sociedade melhor, fundada sobre a igualdade dos homens, isto é, sobre o princípio fundamental em que se inspira toda doutrina comunista, de que as desigualdades sociais devem ser eliminadas. O núcleo de todo socialismo é essencialmente este: abolição da propriedade individual em favor da propriedade coletiva, justamente porque a propriedade individual é considerada o germe do qual derivam todas as desigualdades.

Mas o socialismo geralmente foi sustentado com razões que podemos dizer sentimentais. Falou-se por muito tempo de *socialismo utópico*, porque os apoiadores desse socialismo sonhavam com um mundo social no qual não poderia haver nenhuma atuação, respondendo unicamente a sentimentos vagos, e não a argu-

---

[1] ANB, Laboratório, 176, u.a. 1288. Sete folhas datilografadas mimeografadas com o título: "PARTITO D'AZIONE, FEDERAZIONE DI PADOVA [Partido de Ação, Federação de Pádua], via S. Francesco, 19 – telefone 23-913, Conferência do prof. Norberto Bobbio da Universidade de Pádua". A conferência resulta do manifesto da iniciativa contido na mesma unidade arquivística, e aconteceu em 29 de maio de 1946. Corrigimos alguns erros de digitação evidentes, mantendo, por outro lado, "Estado" às vezes com maiúscula, às vezes com minúscula, como na cópia mimeografada.

mentos rigorosos. Profundo e natural no homem é o sentimento da justiça e da eliminação da desigualdade, mas tal aspiração não pode ser posta em prática até que seja examinada racionalmente, de modo a ser adaptada às exigências históricas de cada época.

O marxismo, diz-se, é o primeiro *socialismo científico*. Eis o ponto fundamental pelo qual se distingue o socialismo marxista do socialismo tradicional: o socialismo marxista não é mais um socialismo utópico, mas um socialismo científico. No que consiste essa cientificidade do socialismo marxista? Por que se diz que esse socialismo é científico, diferentemente dos outros? Porque Marx procurou demonstrar com dados econômicos e estatísticos, isto é, com método científico, a necessidade do advento do socialismo. Marx, observando a realidade histórica de seu tempo, procurou demonstrar, com argumentos fundados na experiência, que o socialismo não poderia deixar de ser implementado. Não se trata mais, portanto, de um socialismo ideológico, mas de um socialismo científico, porque são expostas com um método rigoroso as condições para a sua implementação. Quais são essas condições? Marx quis dizer que o socialismo é algo factível, porque a sociedade de seu tempo, a sociedade capitalista, a sociedade que havia dado origem à grande indústria, havia chegado a um ponto que não poderia avançar senão desaguando em uma revolução social que justamente daria origem a uma sociedade socialista. O capitalismo moderno, surgido da aplicação da máquina, e, portanto, da criação da grande indústria, produziu estas duas consequências: de um lado, os capitais se concentraram em poucas mãos, e, de outro, formou-se um grande contingente de proletários, de assalariados, os quais dependem dos detentores dos capitais para seu próprio sustento.

Marx observa que as grandes indústrias se tornam cada vez maiores, e os capitais tendem a se reunir em um grupo cada vez menor de pessoas. De um lado, portanto, verifica-se uma concentração de riquezas em poucas mãos; de outro, tem lugar o alargamento da miséria proletária, isto é, daquelas pessoas cujas vidas dependem dos meios fornecidos pelos capitalistas, meios suficientes tão somente para poder viver. Por proletário, segundo a terminologia marxista, entende-se aquele que trabalha para ter um salário que lhe permite viver, ainda que miseravelmente, mas sem economizar; onde o proletário não apenas não tem propriedade, mas as condições em que se encontra anulam qualquer possibilidade de tê-la, porque os salários estão sempre nivelados à satisfação das necessidades mais imediatas. Eis, portanto, qual é, segundo Marx, a situação: de um lado, existem os capitalistas que concentraram em suas mãos as riquezas, e vão, pouco a pouco, aumentando a sua concentração; de outro, aumenta a massa dos proletários, em consequência dessa concentração de riquezas nas mãos de poucos. Ora, o que isso gera? Segundo Marx, tudo isso leva à consequência de que o capitalismo está fadado a acabar quando a riqueza estiver concentrada em tão poucas mãos que a maior parte dos homens estará reduzida à condição de proletário, quer dizer, de indivíduo sem propriedade, isto é, serão expropriados, e, portanto, poderão, por sua vez, expropriar os poucos proprietários expropriadores.

Marx afirma que a burguesia fez como um bruxo que evocou espíritos e não é capaz de mandá-los embora. A burguesia, ao criar o proletariado por meio da industrialização, criou seu coveiro, ou seja, aquele que está destinado a sepultá-la na ruína da sociedade burguesa. Se socialismo quer dizer abolição da propriedade individual para todos, o capitalismo é a via aberta para a transformação da sociedade, no sentido socialista, precisamente porque, na sociedade capitalista, a maior parte das pessoas, por causa da concentração de riquezas em poucas mãos, não possui mais propriedade individual. Se assim são as coisas, ou seja, se a sociedade capitalista produz inevitavelmente as condições para a passagem à sociedade socialista, o socialismo não é mais uma aspiração utópica, pois fica demonstrada rigorosamente a inevitabilidade de seu advento. Nesse sentido, portanto, o novo socialismo é um socialismo científico.

Essa doutrina era apoiada em Marx também por sua filosofia, porque Marx era filósofo, ou melhor, havia sido discípulo de Hegel e estudioso de filosofia (seus primeiros estudos são de filosofia grega, e somente em um segundo momento se dedicou aos estudos de economia): certamente, na base dessa doutrina socialista há uma doutrina filosófica que a reforça e a consolida. Qual é a filosofia de Marx? Essa filosofia se chama *materialismo histórico*, e quer dizer, em essência, isto: que o homem é determinado em suas ações não por sua ideias, mas pelos fatos da vida material. Com essa concepção materialista, Marx virou do avesso a posição de seu mestre, Hegel, que era o contrário de um materialista, isto é, um idealista. Marx afirma que as ideias são um produto das situações materiais em que o homem se encontra. Quando se diz materialismo histórico, quer-se dizer precisamente isto: as ações do homem são determinadas por fatores econômicos; em outras palavras, quer dizer que o sistema de produção determina as ações do homem, não apenas as ações voltadas para a vida material, mas todas as ações, mesmo as espirituais. O motivo que informa toda a história humana é a economia: portanto, pode-se dizer que a cada momento histórico corresponde um determinado sistema de produção (há o sistema de produção feudal; há o sistema burguês). Ora, a cada sistema de produção corresponde uma determinada maneira de viver, e não somente de viver, mas também de pensar e de sentir: em que aquilo que determina a história do homem não são tanto os pensamentos criados pelo cérebro do homem quanto as necessidades materiais do homem, as quais fazem o homem agir de determinada maneira, em vez de outra, e criam, enfim, até os seus pensamentos.

A história do homem não é a história das ideias, mas a história das necessidades, porque são as necessidades que criam as ideias, e não o contrário. Então se entende como essa doutrina filosófica corrobora a tese do socialismo científico, porque justifica a tese de que, pelo sistema econômico de produção capitalista, são determinadas as novas forças da história. Não são as ideias dos socialistas que criarão o socialismo, mas o sistema de produção capitalista que cria as condições para a realização do socialismo. A doutrina do materialismo histórico corrobora a tese do socialismo científico.

Mas o maior problema do pensamento marxista é este: o que se deve fazer para realizar esse socialismo? É verdade que o socialismo deve vir, mas não é preciso esperá-lo, é preciso organizar as forças que podem acelerar o advento do socialismo. Eis, então, a necessidade de organizar as forças do proletariado para a transformação do regime capitalista em regime socialista. O socialismo científico e o materialismo histórico se transformam, em termos práticos, no comunismo, o qual se apresenta para a história como a organização do proletariado para a implementação do socialismo científico de acordo com os pressupostos teóricos do materialismo histórico.

Segundo Marx, o problema prático principal é este: conquistar o poder do Estado. O que Marx entende por Estado? O Estado é, evidentemente, segundo a concepção própria do Estado moderno, que Marx herda e faz sua, um conjunto de serviços usados por uma pessoa ou por um grupo para exercer a soberania. Esses serviços são, essencialmente, a burocracia e o exército. O Estado é uma máquina colocada nas mãos de um condutor, o qual, manobrando as alavancas de comando (burocracia e exército), consegue exercitar a sua função soberana. O Estado, em suma, é uma máquina para exercitar o poder soberano. Se o Estado é isso, ele é o instrumento de domínio da classe dominante, ou seja, é o instrumento que a classe dominante opera para fazer cessar a luta de classes em seu favor e dominar a classe subjugada. No século em que Marx vivia, o Estado podia apresentar-se como o instrumento do qual a burguesia capitalista se servia para manter o proletariado subjugado. Se o Estado é o instrumento de domínio de classe, o Estado, no tempo de Marx, podia aparecer como o instrumento de domínio da burguesia sobre o proletariado. Consequentemente, quando Marx afirma que se trata de conquistar o poder do Estado, quer dizer que o proletariado deve tomar em suas mãos aquela máquina que serviu até então à burguesia para subjugá-lo. Da conquista dessa máquina por parte do proletariado, sobretudo da burocracia e do exército, depende a conquista do Estado e, portanto, do poder.

De que forma deve acontecer essa conquista? Marx disse que o Estado burguês, enquanto instrumento com que a burguesia dominava o proletariado, era a *ditadura da burguesia*; e, naturalmente, em contraposição, acrescentou que, no momento em que se apropriasse do Estado para fazer dele o instrumento da própria classe, ter-se-ia a *ditadura do proletariado*. Trata-se então de saber o que significam estas duas expressões: ditadura do proletariado e ditadura da burguesia.

Quando Marx fala de ditadura, quer referir-se apenas à ditadura da classe econômica, ou também à ditadura política? Isto é, ele pretende dizer que a ditadura do proletariado deve ser, ao mesmo tempo, ditadura de classe e ditadura política, ou distingue as duas formas? Para nós está claro que, quando dizemos que o Estado capitalista é a ditadura da burguesia, devemos distinguir duas formas como a burguesia pode exercer essa ditadura. Pode exercê-la à maneira própria de um Estado democrático: nesse caso, tem-se uma ditadura da burguesia exercida na forma jurídica de um Estado liberal. Mas também pode ser uma ditadura da burguesia exercida na forma de uma ditadura política. Eis a diferença entre o Estado italiano antes do fascismo e o Estado italiano do fascismo. O Estado italiano fascista era uma ditadura da burguesia exercida com uma ditadura política, ao passo que o Estado italiano pré-fascista era uma ditadura burguesa exercida na forma de um Estado liberal. É natural, portanto, fazer a pergunta: quando Marx fala de ditadura do proletariado, quer falar de ditadura econômica, ou também de ditadura política? A resposta que se pode extrair dos livros de Marx não é sempre segura: aqui estão duas interpretações radicalmente diversas do marxismo: a interpretação no sentido democrático, que distingue a ditadura do proletariado como ditadura de classe da ditadura política; essa interpretação democrática floresceu sobretudo na Alemanha e na Áustria, mesmo depois da outra guerra, e deu lugar à Segunda Internacional. Mas há uma outra interpretação, que considera que a ditadura do proletariado deve ser econômica, e, ao mesmo tempo, ditadura política, porque não é possível imaginar que o poder possa ser conquistado e preservado nas formas democráticas tradicionais; e esta é a interpretação bolchevique, que se socorre dos escritos de Lênin. A interpretação bolchevique deu lugar a uma transformação completa de toda a prática marxista: no princípio deste século, ninguém pensava em interpretar Marx no sentido de que a ditadura da qual ele falava fosse política;

essa interpretação é devida a Lênin, que, em um certo escrito fundamental, intitulado *O Estado e a revolução*, expõe as suas teses sobre Estado, tirando-as da doutrina de Marx.

Entende-se que, quando falamos de interpretação democrática ou totalitária, queremos distinguir também os dois momentos em que esse método diferente pode realizar-se: o momento da conquista do poder e o momento da preservação do poder.

De um lado, existe uma concepção radicalmente democrática, segundo a qual o proletariado não apenas deve conquistar democraticamente o poder, a saber, por um partido que se preparou gradualmente para obter a maioria dos votos, mas deve também democraticamente conservar o poder quando conseguir conquistá-lo; vale dizer que, uma vez conquistado o poder, não deve ignorar os princípios de respeito das minorias, de manutenção das liberdades civis e políticas para todos, o que consiste em um governo democrático (estes são os princípios em que se inspira o Partido Trabalhista Inglês). Por outro lado, existe uma concepção radicalmente antidemocrática, segundo a qual o proletariado deve conquistar o poder mediante uma violenta ruptura com a sociedade precedente, isto é, revolucionariamente, e, depois de tê-lo conquistado com a violência, deve mantê-lo, se o quiser conservar a longo prazo, ainda com a violência, isto é, impedindo aos inimigos de classe qualquer liberdade pública e qualquer participação na vida política (esses princípios inspiraram o bolchevismo russo em sua prática de governo). Entre essas duas concepções, pode-se colocar uma concepção intermediária, com base na qual se admita que o proletariado deva conquistar democraticamente o poder, porém não seja obrigado a manter as formas democráticas se o poder for conquistado por meios democráticos: desse modo, admite-se que a democracia serve para se chegar ao poder, mas não para conservá-lo; assume-se então uma concepção puramente instrumental da democracia (muito provavelmente esses são os princípios em que atualmente se inspira o comunismo nos países ocidentais).

*

Nesse ponto, devemos nos questionar: qual é o ponto de diferenciação entre nós e os marxistas? Em essência, uma e outra corrente, seja a democrática, seja a totalitária, derivam basicamente de Marx. São duas interpretações diferentes no campo de atuação do marxismo, as quais se diferenciam pelo modo de conceber a melhor forma de implementar os princípios do marxismo. Do ponto de vista ideológico, ambas as correntes são muito parecidas, porque têm um ponto em comum, que é fundamental: isto é, põem como objetivo da ação política, seja democrática, seja totalitária, a implantação de uma sociedade socialista, integralmente socialista, aquela sociedade em que a propriedade seja completamente coletivizada, e em que, não mais existindo propriedade individual, não existam mais lutas de classes. A meta final dos marxistas, sejam democratas, sejam totalitários, é uma sociedade sem classes, em que não mais existam proletários e burgueses, mas apenas trabalhadores, e, já que não mais existirão classes, não mais existirá sequer necessidade daquele instrumento fundamental de domínio de uma classe sobre a outra, que é o Estado. A sociedade sem classes é também uma sociedade sem Estado. O termo final do marxismo, em todas as duas posições, é, portanto, a abolição do Estado, a abolição da máquina que serve unicamente ao objetivo de domínio de uma classe sobre a outra.

Aqui surge o ponto crítico do marxismo: uma sociedade sem Estado? Mas esse é o elemento ideológico que salta aos olhos, porque esta sociedade sem classes e, portanto, sem Estado é uma impossibilidade. As classes (aqui está o elemento utópico também no socialismo assim chamado científico) nunca poderão ser abolidas, e, portanto, nem mesmo poderá ser abolido o Estado. O elemento utópico do marxismo deriva da manutenção da crença de que existe uma meta última que se deve atingir a qualquer custo. Mas a história <*no documento falta uma linha*> atingindo de tempos em tempos fins sempre particulares; a meta última está além deste mundo.

Esse é o ponto crítico do marxismo, o ponto em que acreditamos poder nos contrapor ao marxismo, sustentando uma concepção diversa do homem e da história. A meta fundamental do homem não é a sociedade sem classes: o problema do homem é um só, é o problema da *liberdade*. Toda a história humana é história de liberdade; é a história das sucessivas libertações do homem de todos os preconceitos, das superstições, das opressões físicas e espirituais que, em diversas épocas históricas, mantiveram-no, de várias maneiras e com diversos laços, acorrentado. O progresso da história humana pode ser indicado como passagem gradual da sociedade fechada à sociedade aberta. Mas se também esse é o objetivo que devemos atingir, não é, evidentemente, um objetivo final, mas um problema a ser resolvido a cada dia; ou seja, um problema que nos devemos colocar de tempos em tempos, conforme se nos apresente a ocasião de executar uma ação fecunda de civilização e de progresso.

Nós dizemos, portanto, socialismo, mas socialismo em função de uma maior liberdade; a meta final não é o socialismo, mas a liberdade. Portanto, não socialismo como meta final, mas socialismo como instrumento, como um possível instrumento de liberdade humana. Isto quer dizer, em essência, *socialismo liberal*. O pensamento fundamental de Rosselli era de que a história humana é história de liberdade: em que a burguesia teve a sua importância, porque, fazendo a revolução francesa, lutou pela liberdade; mas, depois de determinado momento, esgotou sua tarefa, porque estava apegada aos próprios interesses, tornou-se conservadora e, definitivamente, traiu aquela liberdade pela qual antes havia lutado. Hoje, essa função de liberdade passou da burguesia ao proletariado, o qual, por sua ação direcionadora, deve estabelecer uma maior liberdade do homem, de todos os homens, libertando todas as pessoas que a burguesia capitalista mantém sob seu poder. O socialismo é a corrente que provém da classe do proletariado; se o socialismo é, antes de mais nada, o movimento que tem por sujeito, por agente, o proletariado, o socialismo deve ter como seu objetivo específico uma maior liberdade no mundo. Esse é o nosso socialismo: o socialismo dos trabalhadores que lutam pela liberdade, não o dos socialistas marxistas que querem a sociedade sem classes, isso é um absurdo. O nosso socialismo é um socialismo que vai além do socialismo marxista: compreende os pressupostos do socialismo marxista, mas os integra à exigência fundamental a que o homem não dá o devido peso, e que é a exigência da liberdade.

O marxismo é o mito do socialismo, mas existe também um socialismo feito para ser implementado. É o socialismo, por exemplo, do Partido Trabalhista inglês. O Partido Trabalhista é um partido socialista que não tem ligação com e não se propõe como fim à sociedade socialista: sua ação está voltada a fazer com que haja maior liberdade no mundo. Houve grupos marxistas também na Inglaterra, mas foram superados e absorvidos pelo partido trabalhista, que é um grande partido dos trabalhadores não perturbado por muitas ideologias. Os trabalhistas não sabem quem é Marx; são o partido dos sindicatos operários; os que, no final do século passado, ao considerarem necessário ter representantes no Parlamento, constituíram um partido com o único objetivo de levar os deputados ao Parlamento: o Partido Trabalhista surgiu com objetivos eleitorais, e, na sua base, estão os sindicatos operários. Até 1900, era uma federação de sindicatos e sociedades cooperativas, somente em 1918 começou a ter membros individuais. Mas, ainda hoje, frente aos dois milhões de membros provenientes de sindicatos, os membros individuais são apenas meio milhão. O Partido Trabalhista é um partido socialista que leva adiante as reformas sociais que podem representar algo a mais de liberdade de que se tornou intérprete o proletariado depois da falência da burguesia como classe dirigente. É necessário de algum modo tentar compreendê-lo, e, se possível, fazer algum esforço para lançar as bases também na Itália de um partido socialista nesse sentido. Creio que o Partito d'Azione tenha, precisamente nessa direção, uma função no atual momento histórico, em conformidade com as previsões de Carlo Rosselli. Ele afirmava, em seu livro *Socialismo liberale* [Socialismo liberal][2]: "Sou favorável a uma reorganização do movimento socialista em bases parecidas com as do Partido Trabalhista inglês. Trata-se, portanto, de conceber o partido de amanhã com um espírito bem mais amplo e generoso do que o de ontem, de concebê-lo como a síntese federativa de todas as forças que lutam pela causa do trabalho com base em um programa construtivo".

---

[2] Na época da conferência de Bobbio, *Socialismo liberale*, de Carlo Rosselli, publicado originariamente em tradução francesa, em Paris, em 1930, estava disponível na Itália na versão francesa de Leone Bortone, revisada por Aldo Garosci (Roma-Florença-Milão, Edizioni U, 1945). Depois do manuscrito de *Socialismo liberale* ter sido encontrado, a Einaudi publicou uma edição crítica, organizada por John Rosselli, com introdução de N. Bobbio (1979), reeditada em 1997, com o acréscimo dos ensaios de Bobbio "Attualità del socialismo liberale" [Atualidade do socialismo liberal] (1997) e "Tradizione ed eredità del liberalsocialismo" [Tradição e herança do socialismo liberal] (1994). Nesta última edição, o primeiro trecho citado encontra-se, em forma ligeiramente diferente, na p. 141, e o segundo, na p. 128.

E acrescentava: "É chegado o momento de dissociar, ou, pelo menos, de admitir que se pode dissociar o socialismo e o marxismo, reconhecendo o marxismo como uma das múltiplas teorias do movimento socialista".

Essas palavras Rosselli escreveu em 1930, mas são atuais ainda hoje. E marcam as linhas diretivas sobre as quais se move o novo movimento político personificado pelo Partito d'Azione.

2. EXERCÍCIOS SOBRE O MARXISMO TEÓRICO NA ITÁLIA[1]

9.3.1949

— O tema: interesse atual pelo marxismo teórico. A segunda fase do marxismo teórico na Itália. A primeira fase vai de 1895-1900, da qual fala Croce. A primeira fase representa uma liquidação (da parte de Croce, restrito a uma metodologia, da parte de Gentile, considerado, sim, como filosofia, mas como contraditória), e Labriola foi derrotado. A segunda fase não me parece que seja apenas mais um episódio (Labriola), mas um movimento. Esse movimento é caracterizado por alguns motivos principais: 1) consideração do marxismo como um fato decisivo na história da filosofia. E aqui se separam dois caminhos: a) o marxismo é a negação de qualquer filosofia possível (Del Noce); b) o marxismo é uma filosofia absolutamente nova (Della Volpe); 2) o conhecimento dos novos textos, que permite uma nova exegese e novas interpretações. Em ambos os casos, o marxismo é

[1] ANB, Corredor, 152, u.a. 769. Cinco folhas de papel manuscritas, das quais quatro escritas na frente e no verso.

um *fato decisivo*. Não é um episódio. Não é uma pura e simples filosofia da história (Labriola) ou um cânone de interpretação historiográfica (Croce). É inútil dizer que essa perspectiva modificada depende da modificação da situação histórica. O marxismo era então a ideologia de um partido em formação, e não era a sua ideologia exclusiva (anarquismo colocado em discussão etc.). A classe burguesa, então poderosa, no ápice de seu desenvolvimento, poderia livrar-se dela facilmente. Sem contar que a classe burguesa — ainda não reacionária — havia formulado uma filosofia — como a positivista — com que o marxismo poderia facilmente se confrontar e ser considerado um seu aspecto secundário. De fato, é a época da interpretação positivista do marxismo: identificação marxismo-determinismo. O marxismo era então considerado bem menos um escândalo do que hoje, porque foi positivizado, e, uma vez positivizado — perdendo seu caráter revolucionário —, tornou-se facilmente digerível para a cultura da época. E, quando chegou o idealismo, foi *superado*, juntamente com o positivismo. Agora as coisas mudaram. O marxismo é a ideologia de uma das duas grandes potências, das quais hoje dependem os destinos do mundo. Por outro lado, a burguesia recuou para posições reacionárias. Sua filosofia não é mais o positivismo, mas um espiritualismo de longa data, revigorado com alguma fórmula nova. Aqui falo da burguesia que se defende e talvez ataque. Mas então há a burguesia que desistiu de se defender e se abandonou à filosofia do *amor fati* e da contemplação da morte, que é o existencialismo. Entre marxismo e filosofia burguesa de hoje, não há como se entender. Podia-se então pensar de vez em quando em uma aliança; mas hoje há luta.

— Como quer que estejam as coisas, é fato que hoje não se pode fingir ignorar o marxismo. Não se pode absorvê-lo na cultura tradicional, nem ele pode absorver a cultura tradicional (tentativa de Balbo). E, portanto, é preciso ver um pouco o que é exatamente esse marxismo remontando às origens. E aqui nos socorre o segundo elemento do qual falamos: o conhecimento dos novos textos.

Exposição do pensamento de Marx pelos *Manuscritos*: crítica do hegelianismo; naturalismo; e comunismo. Valor puramente instrumental da filosofia. O que conta é a ação revolucionária. Disso, em relação aos dois pontos *a* e *b*, duas conclusões: a) a filosofia de Marx é verdadeiramente a negação da filosofia; b) refazer um sistema de filosofia marxista (Della Volpe) é impossível. As teses de Marx (a alienação do trabalho etc.) são discutidas, são confrontadas cientificamente: ou seja, estamos, enfim, fora da filosofia. Refazer a filosofia de Marx já é sair de Marx. De resto, não pode haver ortodoxia que, de início, não seja ela própria herética. E a ortodoxia marxista é, por isso mesmo, como todas as ortodoxias, uma heresia, ao menos de início. Mas a primeira posição (negação da filosofia) só é possível pela fé na realização, de uma vez por todas, da verdade definitiva (solução do enigma da história). A segunda posição é antimarxista. Portanto: ou se pratica o dogmatismo filosófico, ou o antimarxismo. Uma posição crítica não pode senão ir para fora de Marx.

23.3.49

— Três problemas sobre Labriola:

1) Se a teoria de Labriola sobre o materialismo histórico é uma filosofia;

2) Se se diferencia e de que modo do positivismo;

3) Se cobre toda a filosofia de Marx.

*

sobre 1). O que se entende por filosofia. Não *filosofia sistemática*, no sentido escolástico da palavra. Não *saber total*. Mas, se entendemos um determinado modo de orientação no mundo, uma determinada postura, que consiste na consciência de si, a posição de Labriola é filosofia. Trata-se nada menos que de autoconsciência da história. A ideia fundamental é a da *história feita pelo homem*. — A concepção de Labriola é *filosofia* precisamente no sentido em que se pode falar de *filosofia* segundo o materialismo histórico. E, de resto, não é lícito julgar se é filosofia a partir de um outro ponto de vista. Do ponto de vista do conceito que o materialismo histórico tem da filosofia, a posição de Labriola é filosófica, no sentido de que é a única filosofia possível de um materialista histórico: isto é, a filosofia como explicação da história como autoconsciência do homem. A filosofia como *metodologia da historiografia* (Croce).

sobre 2). O materialismo histórico é uma forma de positivismo. Volta à concepção positivista da realidade, sem com isso se identificar nem com o positivismo de Comte, nem de Spencer, nem de Darwin, nem de Ardigò. Tem do positivismo: 1) a posição antimetafísica; 2) a postura positiva frente ao mundo, isto é, a utilização da ciência como única forma de conhecimento; 3) a concepção naturalista da realidade: a realidade é natureza, não espírito (que já remonta ao Marx dos *Manuscritos*). Não é à toa que se chama comunismo *científico*. É preciso distinguir um positivismo em sentido estrito e em sentido amplo. O materialismo histórico retorna a um positivismo em sentido amplo. Podemos denominá-lo uma *filosofia do finito*, a qual, porém, como todo positivismo, não se coloca o problema da *possibilidade de uma filosofia do finito*. E, precisamente porque ela não se o coloca, deságua inadvertidamente em uma filosofia do absoluto (embora de um absoluto histórico).

sobre 3). A Labriola havia escapado a concepção da filosofia da práxis que está na base do materialismo histórico: ou seja, a inserção do homem teórico no homem prático. O homem teórico é sempre idealista. Assim, escapara-lhe que a verdadeira filosofia de Marx estava na negação da filosofia, na revolução.

— Ainda sobre 1):

Mais do que se perguntar se a filosofia de Labriola é filosofia, é interessante perguntar-se o que é a *filosofia* para o marxismo (não há filosofia que não tenha um determinado conceito da filosofia: filosofar sobre a filosofia).

A filosofia é, para Marx, e também para Labriola, o conhecimento integral da história, é uma interpretação da história, tem como resultado a autoconsciência que o homem tem de sua história. Essa interpretação da história de Marx é feita, em um primeiro momento, colocando em relevo o ritmo dialético (inserção da dialética hegeliana) de alienação e apropriação; em um segundo momento, enfatizando que esse ritmo se aplica ao homem prático, isto é, ao homem econômico (em consequência do que, depois, a tese do materialismo histórico acabou por prevalecer sobre a dialética). Não há dúvida, contudo, que toda a filosofia de Marx tende a descobrir o segredo da história, assim como o cientista descobre o segredo da natureza. A *filosofia é a ciência da história*. Para Marx, não há senão a ciência natural, e, depois, a filosofia como ciência do homem; ciência da natureza e ciência do homem, de resto, estão estreitamente unidas porque o homem é um ser naturalista e surge da natureza. Para Labriola, pelo contrário, a ideia central (que é justamente uma ideia expressa por Marx nos *Manuscritos*) é a história como autocriação do homem.

sobre 2). As três características do positivismo:

a) antimetafísica; b) naturalismo; c) cientificismo (empirismo). O problema do determinismo. Essas características em Marx são todas e três. O que o distingue é a inspiração hegeliana: o messianismo. O positivismo é reformista (tradição anglo-saxã).

— Em relação ao marxismo genuíno[2], todas as duas posições atuais (em a e b) estão certas. Certamente, Marx liquida a filosofia enquanto lhe atribui um valor instrumental (a); certamente não se pode fazer outra filosofia de Marx, depois de Marx, senão a filosofia de Marx, desenvolvendo o que nesta estava implícito. Mas essa posição é fértil? Ambas são posições dogmáticas, são antes a mesma posição. E são dogmáticas porque a posição de Marx não admite uma abertura. Desenvolver Marx quer dizer sair de Marx. Isso depende do fato de que a filosofia de Marx se coloca como definitiva. É o vício de origem: o hegelianismo. Isto é, a reconciliação do infinito com o finito, a solução do enigma da história.

A nova fase do marxismo teórico afirma a ortodoxia de Marx, mas coloca em evidência a sua problematicidade.

---

[2] Interpretamos assim uma palavra de difícil leitura.

3. AS DUAS ESCATOLOGIAS[1]

— Quando cristianismo e marxismo se encontram, paga o pato o pensamento moderno, entendido como *pensamento não escatológico*. O que o católico preza no marxismo é a liquidação do pensamento moderno (portanto, preza de Marx a pior parte, a escatológica). Entende-se, pelo contrário, que o marxista autêntico busca conciliar o marxismo com o pensamento moderno, que é a posição característica, no campo católico, dos católicos liberais do século passado. É a tentativa de Della Volpe de estabelecer uma relação entre Galileu e Marx.

— O duplo encontro com Marx depende da dupla face de Marx: cientista e profeta, sociólogo e filósofo etc. Mas tais encontros acontecem todos fora da ortodoxia. A ortodoxia marxista não se preocupa nem com o cristianismo nem com o pensamento moderno. Desenvolve por dentro essa ortodoxia e condena todas as tentativas de conciliação (revisionismo, oportunismo etc.). É revisionista para um ortodoxo tanto a posição de Balbo quanto a de Della Volpe.

---

1 ANB, Corredor, 152, u.a. 768. Cinco folhas manuscritas frente e verso. Destas notas, escritas no final de 1949 ou no início de 1950, deriva: N. Bobbio, "A filosofia prima di Marx" ["A filosofia antes de Marx"], in *Rivista di filosofia*, XLI, 1, 1950, p. 85-88, incluído em Id., C. Violi (org.), *Né con Marx né contro Marx*, Roma, Editori Riuniti, 1997, p. 20-26.

— Não esqueçamos a idolatria ingênua de Marx e de Engels das sociedades primitivas. A escatologia se encontra com a nostalgia do paraíso perdido. E a história humana acaba por se tornar mais ou menos um longo parêntese de erros entre um início e um fim. Simples demais (para os estudos etnológicos de Marx, ver M. Rubel, "K. Marx et le socialisme populiste russe" [K. Marx e o socialismo populista russo], *Revue socialiste* [Revista socialista], maio, 1947, citado por Desroches[2], p. 87 e ss. A impressão suscitada em Marx pela leitura de Maurer).

— Há em Marx a noção de um pecado original: o dinheiro. Tem uma origem histórica, é verdade: mas quando Marx chicoteia os ávidos por riqueza, o Deus-dinheiro, os tons marxianos são os de um padre da Igreja. Justamente Desroches cita juntos nesse ponto Marx e Santo Agostinho (p. 187).

— O que Balbo combate em *Ideologia religiosa*[3] [Ideologia religiosa] é o historicismo absoluto, que ele chama *racionalismo*, e os *cientificismos*[4]. Ele os combate por pretenderem resolver todos os problemas do mundo e da história com um sistema conceitual. Nisso estamos de acordo. Mas não confundiria o historicismo absoluto com o racionalismo, certamente. Racionalismo quer dizer tantas outras coisas. Não concordamos que a crítica do historicismo absoluto e do racionalismo (*absoluto*) ou do cientificismo (*absoluto*) seja a crítica de toda a filosofia moderna, porque ao lado do racionalismo absoluto está o racionalismo crítico; ao lado do historicismo está a história; e, ao lado do cientificismo

---

[2] H.-C. Desroches, *Signification du Marxisme. Suivi d'une initiation à l'oeuvre de Marx et d'Engels* [Significado da obra de Marx. Com uma introdução à obra de Marx e Engels], Paris, Les Editions Ouvrières, 1949.

[3] F. Balbo, "Religione e ideologia religiosa (Contributo ad una critica radicale del razionalismo)" [Religião e ideologia religiosa (Contribuição a uma crítica radical do racionalismo)], in *Rivista di fisolofia*, XXXIX, 2, 1948.

[4] À margem: "enquanto se colocam como 'visão religiosa do mundo e da história'".

está a ciência. A ciência cria um hábito crítico que nada tem a ver com o cientificismo e com o racionalismo absoluto, o qual é justamente filho daquela mentalidade teológica que todo o racionalismo crítico combate. A ciência não é apenas um hábito, mas produz resultados que abalam velhas concepções e velhos mitos e impedem justamente o racionalismo absoluto que se quer combater. O racionalismo absoluto é anticientífico: o pensamento moderno quer dizer desenvolvimento da ciência, não há nada de mais condenável do que o racionalismo absoluto, que é de derivação teológica. Estamos de acordo que o racionalismo absoluto não pode negar a religião senão se contradizendo, dado que ele próprio se coloca como visão religiosa, como "teologia racional", como *religião da história* etc. Mas, repito, o racionalismo absoluto (isto é, Hegel) é contra o racionalismo.

— O que Balbo entende por *postura religiosa* (bela página, p. 111).

— Até hoje o marxismo, trocando ideologia religiosa por religião, é um historicismo absoluto, isto é, redução de todo homem à história e à sociedade — à *existência*.

— Diferença entre idealismo e marxismo: a *Razão transcedental* do primeiro transforma-se, no segundo, em *razão científica absoluta* no segundo[5]. Mas é uma razão científica que tem um alcance filosófico, *no sentido hegeliano*, enquanto se coloca como *justificação lógica absoluta* da realidade, p. 113. [Portanto, não é verdade que Marx inverte Hegel, ele o preserva justamente naquilo que Hegel tem de mais inaceitável: a justificação absoluta da realidade pela ciência (não importa se essa Ciência é, em Marx, mais próxima da ciência)]. O mesmo Balbo admite que "uma nova forma de *transcedentalismo* invertido permanece". Importante ad-

[5] Repetição de *no segundo* no manuscrito.

missão. No marxismo, é metafisificada a razão científica; no idealismo, a Razão. O marxismo também é, portanto, um historicismo absoluto; a conclusão dos historicismos absolutos é conduzir à forma pura da "visão religiosa do mundo e da história". Portanto, não negam a "visão religiosa etc.", mas *Deus*. Diferença entre a Razão do idealismo e a razão científica do marxismo (p. 115-116).

— A *cientificidade* do marxismo consiste na descoberta da *razão científica*. [Mas é uma razão científica absoluta! Não é a ciência. Precisamente Marx descobriu a razão científica absoluta, e aqui está precisamente a sua *falta de cientificidade*, não a sua cientificidade. Ciência absoluta e ciência são dois termos contraditórios. Sempre que a ciência se torna razão científica absoluta, perde a sua cientificidade. Não consigo entender onde está *a superioridade de Marx sobre os chamados cientificismos*, dos quais se fala no final da p. 117. Rever o § VII, que me parece realmente o mais amargo.]

— Sobre p. 120, um outro ponto importante. A razão científica *subverte a base da sagrada família*, descobrindo que se deve criticar teoricamente e subverter praticamente a família terrena. Essa operação não atua apenas contra a ideologia religiosa, mas também a *favor da realidade religiosa* que está mundanizada na ideologia religiosa. Então, a *verdade da sagrada família* está obrigada a abandonar as formas históricas mistificadas em que se expressou para se expressar por formas não mais mistificadas. Mas não é verdade. Porque a própria sagrada família é uma fórmula mistificada e, desaparecendo a base mundana da família, não desaparece a sua fórmula mistificada, mas a própria sagrada família. É claro que, para Marx, como para qualquer racionalista, a sagrada família é um mito. Poder-se-ia dizer, no máximo, que a diferença entre Marx e um racionalista é esta: que o segundo se limita a demonstrar cientificamente que a sagrada família é um mito. Mas essa demonstração fica sem efeito prático; enquanto Marx coloca o problema da origem histórico-prática desse mito e acha que poderá desaparecer apenas transformando-se a sociedade de modo que esse mito não tenha mais razão de existir. Estende a crítica da sagrada família aos outros mitos. A religião se dissolve inteiramente. Não resta mais nada, absolutamente mais nada, justamente porque a ciência de Marx não é apenas uma ciência absoluta, mas uma ciência unida a um impulso para transformar a sociedade. Portanto sua negação de Deus não é apenas teórica (como a de Feuerbach), mas também prática, isto é, não é apenas uma demonstração da não existência de Deus, mas também uma supressão de Deus, isto é, a criação de uma sociedade em que não seja necessário nem mesmo demonstrar que Deus não existe, porque Deus não existe mais, ao passo que os homens da nova sociedade são assim formados, não acreditando mais em Deus. Se a religião não aparece historicamente senão como satisfação de certa necessidade (de *evasão*, da parte dos oprimidos; de uma fórmula de domínio, da parte dos dominadores), é claro que a religião — e, com ela, Deus — deverá desaparecer *realmente* quando forem eliminadas essas necessidades, isto é, quando não existirem mais oprimidos que busquem uma evasão e dominadores que busquem uma fórmula de domínio. Balbo, porém, afirma que a religião não está toda aqui. Muito bem. Mas, para Marx, a religião está toda lá. O que não salva Marx, porque a sua é uma razão científica absoluta, isto é, uma visão total do mundo e da história; salva-o, em contrapartida, a ciência no sentido mais comum da palavra, isto é, a ciência que fica nos limites das possibilidades da ciência (crítica do conhecimento) e não se coloca outros problemas que não os solucionáveis *cientificamente*. Marx, dissentindo de Hegel, pulou o problema da *crítica do conhecimento*. Sua ciência não é crítica, justamente porque é absoluta.

A ciência crítica levanta dúvidas, mas não nega de forma absoluta, porque a negação absoluta daquilo que ela não pode demonstrar nem provar é exceder seus limites. Nenhum cientista crítico faria afirmações peremptórias como as de Marx: como, por exemplo, de que a família sagrada depende da família mundana, e que Deus não é senão a formulação mítica das várias ideologias religiosas. Essas proposições não são *científicas*, porque Marx não é capaz de testá-las. Portanto, a razão de Marx não é, de modo algum, uma razão científica, mas uma metafísica com aparência de ciência, é uma ciência mistificada. Todas as descobertas de Marx foram desmentidas cientificamente. No máximo, um cientista crítico consideraria suas teses como *hipóteses* de trabalho. Mas Marx não tem, em absoluto, a consciência crítica científica que lhe permitisse distinguir uma hipótese útil de uma afirmação apodítica, que confirmasse uma verdade absoluta. Um cientista que assuma como hipótese a tese da sagrada família o que deve fazer? Deve verificá-la. Isto é, deve examinar a história da humanidade, das sociedades primitivas às mais evoluídas, e observar atentamente lá onde aparece o mito da sagrada família se esse é mesmo condicionado pela família profana. Se, ainda que em um único caso, isso não puder ser demonstrado, então a hipótese deve ser abandonada. Assim age um cientista. Mas nunca que Marx fez esse trabalho de pesquisa. Confundimos muito facilmente quando falamos de Marx das hipóteses geniais com o das verdades apodíticas; certas vezes as frases de Marx são tiradas polêmicas. E nós as tomamos pelas verdades experimentais, como aquela, por exemplo, de que o Estado é o instrumento de domínio de uma classe, de que se chega à conclusão surpreendente, mas consequente, de que o estado desaparecerá quando desaparecerem as classes: vá se entender qualquer coisa do Estado tomando-se ao pé da letra a definição de Marx! Resumindo, Marx continua a ser o filósofo da história à Hegel, e nada é mais distante de uma ciência da sociedade do que a filosofia da história de Hegel. Isso não tira nada do grande mérito de Hegel e de Marx de ter desejado penetrar a história do homem, abandonando velhos preconceitos que persistiam naquele campo bem mais do que no estudo da natureza. Mas daí a falar de *ciência da sociedade* em Marx há uma distância enorme!

Toda essa crítica, no fundo, se lê nas entrelinhas de Balbo, quando *<palavra incompreensível>* Marx de ter elevado a razão científica à razão científica absoluta. Mas a razão científica absoluta não é mais, de modo algum, ciência! Esse é o ponto. E é nisso que consiste a *cientificidade* do marxismo! (p. 117). Mas a diferença está aqui, que, para mim, criticar Marx como razão científica absoluta quer dizer criticar toda a mentalidade de Marx (teológica) e toda a sua abordagem não crítica dos problemas da sociedade; isto é, verdadeiramente salvar a *ciência*. Balbo também reconhece isso quando diz que o primeiro passo é "adquirir plenamente o conceito de *razão científica*" eliminando a razão científica absoluta. Mas adquirir o conceito de razão científica quer dizer aceitar a concepção da ciência que vai amadurecendo entre os cientistas, que não é, de modo algum, a de Marx, o qual não tinha, em absoluto, uma concepção crítica da ciência, mas estava dominado por um esquema teológico da história humana, do qual nunca soube se libertar (herança hegeliana persistente).

Chega-se à p. 121, em que Balbo afirma que fazer esse *salto qualitativo* da razão científica absoluta à razão científica, isto é, da teologia ou ciência mistificada de Marx à ciência, não significa de modo algum *sair de Marx*. Em suma, Balbo admite essencialmente todas as críticas à razão científica absoluta (exceto que ele fala em *cientificidade* de Marx); mas depois não pretende sair de Marx, ao mesmo tempo em que o seu caminho, a certa altura, se pareça justamente com o de um revisionista.

— Confirmação disso se encontra na p. 127, onde Balbo diz: o marxismo-leninismo adquire plena consciência da dissolução que opera de toda "visão religiosa do mundo e da história" justamente quando se coloca como "visão científica do mundo e da história" [mas, no momento em que se coloca como "visão científica", não mais é marxismo-leninismo, é sociologia, positivismo, ou melhor, neopositivismo etc.].

— Ainda na p. 130, fala da *ateologização da razão* como descoberta teórica fundamental de Marx. E aqui está o erro inicial e fundamental. A razão de Marx é uma razão teológica, isto é, uma razão científica absoluta. Não se compreende como Balbo possa, de um lado, criticar a razão científica absoluta de Marx, e considerar Marx como descobridor da razão *ateológica ou científica*. Esse adjetivo "absoluto" muda tudo. O *absolutes Wissen*[6] de que fala Hegel na *Fenomenologia* não tem nada a ver com a ciência de um cientista.

— Se Marx tivesse mesmo descoberto a razão científica, o verdadeiro continuador de Marx seria muito mais Dewey[7] do que os epígonos marxistas de hoje, muito mais Dewey do que Lukács (o pensamento do qual é todo impregnado pela concepção escatológica de que, com Marx, começará uma nova história[8] do reino de Deus (isto é, <*palavra incompreensível*> é desse mundo que a humanidade tende para esse reino)). A verdade é que Marx não descobriu a razão científica, mas ficou como um filósofo da história.

---

6 Em alemão, "saber absoluto". [N.E.]

7 "Dewey", no manuscrito, está apagado e substituído, na entrelinha, por outra palavra de difícil leitura.

8 As palavras "Marx, começará uma nova história" estão riscadas à caneta.

— Do artigo "La filosofia dopo Marx"[9] ["A filosofia depois de Marx"]

Marx é um acontecimento *decisivo* na história da filosofia porque desmistifica Hegel. E, como Hegel, representa a conclusão mais coerente e consequente do racionalismo, Marx, ao desmistificar Hegel, isto é, ao lhe arrancar a máscara, torna impossível o prosseguimento da filosofia do racionalismo (o racionalismo seria a filosofia que busca "teologizar o devir", o que vale manifestamente apenas para Hegel). Duas afirmações portanto: 1) Marx desmistifica Hegel; 2) Hegel é a conclusão do racionalismo (de modo que a crítica a Hegel envolve a negação de todo o racionalismo e a necessidade de retomar o discurso filosófico anterior ao racionalismo, isto é, remontar à filosofia do ser). Trata-se de demonstrar: 1) que Marx não desmistifica Hegel; 2) que Marx não é a conclusão, mas um grande desvio do racionalismo.

(Por exemplo, na p. 32, diz: "visto que de S. Tomás em diante a história da filosofia, na sua linha especulativa mais rigorosa, acabou precisamente no ponto (Marx) do qual recomeçar historicamente a percorrer de novo o mesmo caminho...".)

Aqui insiste ainda sobre o ponto de que a figura teórica inicial do marxismo é "o arruinamento radical do pensamento especulativo no pensamento prático, isto é, a redução *total* da razão à razão científica" (p. 32). A razão científica é o tipo de discurso que só pode compreender o devir concreto na medida em que a ele se liga, por princípio, pela *verificação* (p. 33). O *racionalismo* é entendido como a filosofia que tentou assimilar totalmente em si a ciência moderna. [Está bem. Mas é necessário distinguir a ciência como pesquisa efetiva, e a concepção da ciência que a filosofia racionalista tinha. Mas a que Marx faz sua não é a ciência

[9] F. Balbo, "La filosofia dopo Marx", in *Rivista di filosofia*, XL, 1, 1949, p. 27-37.

(também a ciência); mas a concepção da ciência. Mas, trocada a concepção da ciência, não vale mais a figura teórica de Marx que se fundava sobre aquela concepção da ciência. Permanecem as descobertas científicas feitas independentemente da concepção da ciência. Se se pode dizer que Marx reduziu o pensamento especulativo a pensamento científico, é preciso pelo menos acrescentar que ele o fez com base na concepção da ciência que era sua.] Uma outra afirmação apodítica: "As outras posições filosóficas de derivação kantiana ou humiana ou cartesiana etc. podem ser consideradas no bojo da dissolução enquanto teoricamente anteriores a Hegel; isto é, enquanto os seus pressupostos levados às últimas consequências *devem* acabar em Hegel e dissolver-se com a dissolução do seu sistema" (p. 36).

— Sobre o caráter do pensamento moderno, não me desvio do velho Windelband, o qual mostra como a filosofia naturalista italiana e a teosofia alemã do Renascimento se opunham à Escolástica porque propunham um novo conteúdo, mas não porque tivessem buscado submeter a mente a uma nova disciplina do pensamento. Somente em Galileu ele vê um espírito científico, "maduro, alcançado penosamente, das fantasias da tradição humanista ao método de investigação natural moderna" (p. 132, vol. I)[10]. A nova filosofia tem um caráter *metodológico*, ou seja, combate a Escolástica pela forma, enquanto quer encontrar um novo método de conhecimento. "O caráter gnoseológico fundamental da nova filosofia está estreitissimamente ligado à sua luta contra as formas escolásticas do pensamento" (p. 134). Portanto, Bacon e Descartes, embora tão diferentes, estão no mesmo plano metodológico.

---

[10] W. Windelband, *Storia della filosofia moderna* [História da filosofia moderna], I, *Dal Rinascimento all'Iluminismo tedesco* [Do Renascimento ao Iluminismo Alemão], trad. it. de A. Oberdorfer, Vallecchi, Florença, 1925.

— A filosofia antes de Marx é a filosofia moderna. Nada menos! A filosofia moderna como busca de um método que disciplinasse o pensamento. Portanto, um racionalismo *crítico*. Mais do que o racionalismo *absoluto* de Hegel. Mas o que sabe Marx sobre a filosofia moderna? A sua perspectiva é completamente obscurecida por Hegel. Ele não enxerga senão Hegel. E o belo é que o enxerga não naquilo que tinha de moderno, mas justamente naquilo que tinha de metafísico, de escatológico.

— Balbo fala de uma filosofia após Marx. Pode falar assim porque considera que Hegel encerra toda a filosofia antes de Marx. É verdade? É mesmo verdade que somente por Hegel se vê toda a filosofia antes de Marx? E, portanto, não é mais o caso de falar dele? A filosofia antes de Marx é aquela que estamos então acostumados a chamar de *pensamento moderno*. Portanto, Hegel reúne, retoma em si todo o pensamento moderno? O pensamento moderno nasce de uma instância crítica, é racionalismo crítico: mais que racionalismo absoluto! Essa instância crítica (polêmica contra a esterilidade da Escolástica) se estabelece em consideração metodológica, que coloca acima de tudo o problema de uma *disciplina* do intelecto. Dizer que Hegel é o encerramento do racionalismo seria como dizer que o romantismo é o encerramento do iluminismo, em vez de a sua antítese.

4. O MARXISMO TEÓRICO NA ITÁLIA (1951)[1]

Pertenço a uma geração de estudantes que se formou conhecendo Marx por tabela, pela crítica que lhe havia feito Croce; mas que, quando ficou mais madura[2], procurou pensar com a própria cabeça e deu-se conta de que Marx não havia sido deixado no sótão, mas no meio da rua principal que se percorre todos os dias; encontrava-se em sua rua Marx por inteiro, e ela mesma o procurou por uma necessidade tão irresistível de clareza, de ver claramente, de compreender melhor a realidade que a circundava, marcada tão profundamente pelas pegadas deixadas pela doutrina de Marx, que não se podia fingir ignorá-lo[3]. Assim, enquanto para

---

[1] ANB, Escritório de Bobbio, 22, u.a. 78. Sob o título, entre parênteses: "Conferência feita em Bari a 7 de abril de 1951". Manuscrito em três folhas, das quais duas estão escritas em frente e verso. A *Gazzetta del Mezzogiorno*, de 11 de abril de 1951, informa que a conferência, organizada pelos Amici della cultura di Bari, deu-se na sala de conferências da comuna.

[2] À margem: "colocou os olhos, além de nos livros, também na realidade que a circundava".

[3] À margem: "Compreender e calcular realisticamente a posição e as razões do adversário (e talvez seja adversário todo o pensamento passado) significa precisamente tornar-se livre da prisão das ideologias (no pior sentido de cego fanatismo ideológico), isto é, colocar-se sob um ponto de vista crítico, o único produtivo na pesquisa científica. A luta contra o fascismo estava profundamente marcada pelo movimento que tinha Marx como bandeira. Quem abria os olhos, então, não

os outros, sobretudo para os jovens ou para os mais velhos, Marx era objeto de paixão, guia para a ação ou objeto de abominação, para alguns da minha geração, [*que,*] ao término da Segunda Guerra Mundial, estavam na metade do caminho de sua vida, foi, antes de tudo, objeto de estudos, de pesquisa, de reflexão, de crítica. E, assim, pode ser de algum interesse saber o que conseguimos tirar disso. Digo logo que há alguns que o descartaram quase sem olhar para ele — como um demônio com o qual não se quer estabelecer nenhum contato para não ser contaminado. Outros o assumiram mais por motivos prático-políticos do que por motivos teóricos, como um guia espiritual exclusivo, e acreditaram assim fazer operar neles uma espécie de *renovatio ab imis*, de criar — com a ajuda de Marx — o novo Adão, mas, por mais que o façam, é sempre o velho que se vê. Outros, por fim, procuraram, antes de mais nada, "compreender", porque sempre pensaram que o primeiro dever do homem de cultura é compreender. A tarefa do homem de cultura: semear dúvidas e não colher certezas. Cultura significa medida. A traição dos clérigos[4] é acreditar que se empenhar, para um homem de cultura, significa tomar partido, enquanto simplesmente quer dizer "compreender", empenhar-se com todas as suas próprias forças para entender, para não dizer sim ou não antes de ter entendido.

Desse renovado estudo de Marx nasceu aquela que podemos chamar a segunda fase do marxismo teórico na Itália. Marxismo teórico no sentido de estudos da doutrina de Marx, da filosofia de Marx. Uma olhada nas publicações e nas revistas. Uma história

---

podia deixar de se dar conta de que Marx e o marxismo haviam existido, e que não era possível compreender as razões do fascismo e do antifascismo sem passar por Marx". "Quem abria os olhos, então, não podia deixar de se dar conta de que Marx e o marxismo haviam existido" está tachado com barras traçadas a lápis.

[4] À margem: "é de contribuir [*para*] criar grandes alternativas, ou de um lado ou de outro, *aut aut*, como se o mundo estivesse prestes a quebrar-se, e a história demonstrou quantas entidades assim produzidas são falsas".

da filosofia podia — antes da guerra — ignorar Marx. Mas então não o poderia mais fazer.

A primeira fase do marxismo teórico foi aquela sobre a qual Croce escreveu como nasceu e como morreu.

Diferença entre as duas fases: *liquidação do marxismo como filosofia; reconhecimento do caráter decisivo* do marxismo na história da filosofia.

Na primeira fase, tratava-se de neutralizar Labriola, que representava uma labareda. Como sói acontecer na Itália, Labriola é a figura do intelectual isolado no movimento histórico de seu país, extraordinariamente avançado em comparação ao atraso da cultura e das condições sociais, e, portanto, destinado a não ser compreendido e a não ter seguidores. Labriola foi um teórico do marxismo, sem ser um militante socialista, porque não se encontrava no movimento socialista de então, em que predominava o positivismo (Loria e Ferri). Isso, que não foi um fenômeno isolado, mas perfeitamente enquadrado na cultura e na sociedade da época, foi a liquidação de Marx operada por Croce e Gentile, que prenunciaram Marx encostado no sótão de Giolitti. Tese de Croce e de Gentile.

O levantar de escudos contra Labriola. Positivismo como filosofia burguesa e idealismo (lembrar o livro de Bulferetti)[5].

A segunda fase: o caráter decisivo do marxismo como filosofia[6]. Razões desse caráter decisivo: 1) robustez do movimento ope-

[5] Provavelmente Bobbio se refere a L. Bulferetti, *Le ideologie socialistiche in Italia nell'età del positivismo evoluzionistico (1870-1892)* [As ideologias socialistas na Itália na época do positivismo evolucionista (1870-1892)], Florença, Le Monnier, 1951.

[6] Depois de "filosofia", existe o seguinte período apagado: "em dois sentidos: 1) por sua força negativa, no sentido de fazer cair em crise a filosofia racionalista tradicional, e abre a crise da filosofia moderna: passagem da razão filosófica à razão científica; imanentismo e historicismo absoluto: crítica das mistificações; 2) por sua força construtiva: uma nova filosofia construída não mais sobre a pessoa abstrata, mas sobre a pessoa concreta – embora ainda uma vez historicismo absoluto". E, à margem: "Aqui, basta citar Gramsci: Hegel como ponto culminante da cultura ocidental e a filosofia da práxis como resultado e coroamento de toda a história precedente".

rário, e o marxismo aparece cada vez mais como a ideologia do movimento operário (enquanto esse podia ser ambíguo, no período do positivismo e do revisionismo). E isso justamente em um momento em que o historicismo levou cada vez mais a identificar a ideologia com a filosofia, isto é, a ver em uma filosofia um fato ideológico, assim como, em uma ideologia, um fato filosófico; 2) inéditos de Marx (que são escritos filosóficos); 3) semelhança de situações históricas (enfatizada por Gramsci com o paralelo Hegel-Marx, Croce-renascimento do marxismo): ruptura da espiritualidade romântica.

Logo, importância filosófica de Marx. Mas como se deve interpretar essa importância? Dois caminhos: 1) é uma força negativa, na medida em que dissolveu o racionalismo, derrubando a filosofia de Hegel. Não concordo com essa interpretação: antes de mais nada, porque não creio que Hegel represente a fase máxima do racionalismo (deixa de fora todo o racionalismo empirista), e, depois, porque não é verdade que Marx esteja despido de qualquer resíduo teológico. Quanto mais se estuda Marx, mais se percebe que ele tem uma concepção pré-constituída da história e que a sua imensa erudição lhe serve de instrumento para buscar confirmações (as confirmações que encontrou Engels nos estudos que fez de Morgan)[7]; 2) tem uma doutrina positiva nova: a substituição da pessoa-trabalho pela pessoa abstrata, a redução do homem ao conjunto de suas relações sociais. É uma posição insustentável: quer dizer a redução do homem à formiga (mas, se é assim, têm mesmo razão os tradicionalistas: a redução do homem às meras relações sociais é, realmente, o inferno) — 3) a negação da filosofia.

A importância de Marx está, a meu ver, na derrubada operada no ponto de vista do qual se vê a história: não mais do ponto

[7] À margem: "a ciência do desenvolvimento da sociedade pela teoria do trabalho alienado, expropriação e apropriação. Críticas (ver parte inferior). Mais uma vez escatologia".

de vista do homem teórico (Hegel), mas sob o ponto de vista do homem prático. Isso está claro na crítica de Hegel. E está claro também nas partes construtivas dos *Manuscritos*. O homem prático subjaz ao homem teórico. O homem prático é o homem objetivo, real. A transformação da natureza: o trabalho. A história do homem como história do trabalho alienado. O comunismo, não o saber total, como fim da história. O primado da prática sobre a teoria, visto pela passagem dos *Manuscritos* (prefácio, p. 14).

Essa passagem explica a última glosa: agora trata-se de trocá-los.

Tomado num sentido mais amplo (não individual, mas coletivo), significa o mesmo que a famosa passagem da "Introdução"[8] publicada nos *Anais franco-alemães* em que se afirma que o proletariado alemão é o verdadeiro realizador da filosofia alemã. "A filosofia não se pode realizar sem a supressão do proletariado, o proletariado não se pode suprimir sem a realização da filosofia" (p. 412)[9].

*

A consideração da história sob o ponto de vista do homem prático, e não do homem teórico. É a súbita e radical mudança em relação à posição hegeliana. Para Hegel, todo o desenvolvimento do homem acontece na consciência, isto é, uma história puramente ideal. O processo de alienação [*e*] de apropriação acontecem no interior da consciência, são momentos do pensamento consigo próprio. E, portanto, a apropriação em Hegel não é apenas a eli-

---

[8] Referência à "Introdução" do livro *Crítica da Filosofia do Direito de Hegel*, publicada originalmente no periódico *Deutsch-Französische Jahrbücher*, editado por Marx e Arnold Ruge, outro jovem hegeliano, em Paris, em 1843. O periódico foi descontinuado pelas diferenças políticas posteriores entre ambos os editores. [N.E.]

[9] K. Marx, *Scritti politici giovanili* [Escritos políticos juvenis], organização de L. Firpo, Turim, Einaudi, 1950, p. 412.

minação da alienação, mas também da objetividade. O homem como autoconsciência. Marx vai em busca da objetividade que considera perdida por Hegel. E esta objetividade lhe é oferecida pelo homem prático, e não pelo teórico. O homem como ser natural que dispõe de objetos e por eles é disposto. A atividade objetiva do homem é a atividade prática, produtiva do homem = o homem enquanto produtor. É nesse produzir que o homem é real, em contato com a natureza que ele transforma, ele próprio ser natural. Acredita-se que o homem não é somente um ser natural, é também um ser consciente (e nisso se diferencia dos animais). Mas essa consciência surge depois da ação. Para Hegel, pelo contrário, o homem é antes de mais nada autoconsciência, com a consequência de que o ser real se transforma em aparência, símbolo, e o mundo ideal, pensado, torna-se a verdadeira realidade. A história do homem como história do homem prático que se reflete no homem teórico é a história do trabalho alienado: várias fases dessa alienação. Do que vem a apropriação. A apropriação prática resolve também a alienação teórica[10]. Ler o trecho do prefácio.

Explica-se assim a última glosa: é necessário transformar o mundo. Ele também, até agora, limitou-se a interpretá-lo: mas sua interpretação o convenceu de que é preciso transformá-lo. Contudo, a transformação não é um puro ato revolucionário (interpretação de Del Noce); mas implica uma transformação também teórica, e é, portanto, um ato que implica uma reforma filosófica. Indissolubilidade de teoria e prática. É o problema de Gramsci. A história como autocriação do homem, de quem a filosofia não é senão um elemento que contribui para essa criação. Crítica: 1) a história é uma sucessão de alienação-apropriação. Mas aqui está a con-

[10] À margem: "Os problemas teóricos também são problemas práticos. A solução dos problemas teóricos requer uma solução dos problemas práticos. Certos problemas teóricos são insolúveis porque não foram resolvidos os problemas práticos subjacentes".

cepção escatológica. Pode-se responder, de fato: a) a apropriação nunca é definitiva (teoria do progresso indefinido); b) a apropriação não é deste mundo (teoria cristã). 2) a alienação é a alienação do trabalho. Aqui está a ilusão do economicismo, que consiste em considerar que uma única causa seja o *mal* na história, e que, eliminada, eliminar-se-ia o mal. Eliminando a alienação econômica, não criaríamos as bases para a alienação política[11]?

São essas duas as perguntas que persistem no fundo de qualquer investigação marxística. São as duas dúvidas fundamentais que eu não consegui superar, e sobre as quais deve se exercer a crítica, se é verdade que a tarefa do homem de cultura é compreender antes de aplaudir, ou melhor, não é a de aplaudir, mas a de compreender. A arma da crítica não pode substituir a crítica das armas. Estou plenamente convencido disso. Mas ai dos que a fazem calar com o pretexto de que não transforma o mundo. E ai de quem se conforma em abdicar dela. Esses renunciaram à sua missão, abdicaram de sua função de homem de cultura, perpetraram a mais grave das traições dos clérigos.

Filosofia militante contra filosofia especulativa. Filosofia militante não porque milite em um ou outro partido, mas porque, preocupada com a sorte dos homens, uma filosofia que se inclina não somente sobre os erros, mas também sobre as misérias, porque está convencida de que são de fato as grandes misérias que geram os grandes erros.

---

[11] À margem: "'É a solução do enigma da história e está consciente de ser essa solução' (*Manuscritos*, p. 122)". A frase de Marx se refere ao comunismo.

5. O MARXISMO TEÓRICO NA ITÁLIA (1958)[1]

A tentativa de Gobetti e Rosselli como uma inserção da tradição liberal no movimento operário, e uma separação do socialismo em relação ao marxismo. Tentativas falidas. *O socialismo e o marxismo na Itália*. Por quê? Marxismo: 1) luta de classes; 2) fim da luta de classes pela vitória do proletariado. Uma concepção escatológica da história[2]. Diferença do socialismo anglo-saxão: o *Welfare State* como superação do Estado liberal. Duas concepções diferentes do caráter da história: diferentes e irredutíveis.

Marxismo, sempre marxismo: adaptou-se às diversas filosofias, mas buscando reabsorvê-las. E o que restou é sempre um pensamento escatológico. Relaciona-se a esse filão marxístico a importância do marxismo teórico na Itália. *Labriola*, para quem o

[1] ANB, Corredor, 152, u.a. 769. Sob o título, entre parênteses: "Unione Culturale 4.3.58" ["União Cultural 4.3.58"]. Manuscrito de três folhas escritas no verso de provas tipográficas. Em 1958, na União Cultural de Turim, fundada em 1945 por Franco Antonicelli, juntamente com outros intelectuais antifascistas, Bobbio deu uma série de conferências sobre as correntes do pensamento político na Itália. Estes apontamentos se referem à quarta conferência. Cf. M. Moraglio e G. Ragona, *L'Unione Culturale nella città della Fiat. I primi quindici anni (1945-1960)* [A União Cultural na cidade da Fiat. Os primeiros quinze anos (1945-1960)], Turim, Trauben, 2006, que elenca as iniciativas das quais participou o filósofo.

[2] À margem: "a coletivização como meio".

marxismo era a última filosofia, "o remédio para todas as dúvidas e para todas as incertezas que acompanharam as outras formas de filosofar as coisas humanas". O marxismo era uma filosofia? As teses de Croce e de Gentile. Fertilidade do ponto de vista de Croce. Infertilidade do ponto de Gentile. O que estava errado no juízo de Croce é que o marxismo estivesse morto; nem como movimento prático nem como teoria. Independentemente do caso Mondolfo, é preciso lembrar os anos seguintes à libertação.

O fenômeno Gramsci: o caso era interessante pela união de teoria e prática, que, até então, andavam separadas (vide Labriola, vide Turati etc.). Um marxismo vivo.

Um marxismo consequente, do ponto de vista teórico. O materialismo dialético, como materialismo e como dialética. Contra o materialismo que não era dialético, e contra o idealismo dialético que era idealista. Bukharin e Croce. Contra Croce: 1) não são as ideias que movem a história; 2) não se resolvem problemas com uma única dialética de conceitos; 3) os intelectuais não são o motor da história.

Oposição em relação aos primeiros dois pontos: crítica da teoria desconectada da práxis; crítica de uma política dos intelectuais (os intelectuais orgânicos), mas *<palavra incompreensível>* do primeiro ponto[3].

A teoria política de Gramsci é uma doutrina do *partido*[4]. O problema da conquista do poder. Força e consenso: contra as teorias céticas, realísticas; contra as teorias utópicas. Croce se atrapalhara. Gramsci distingue: os dois momentos, sociedade civil e Estado, hegemonia e ditadura. A hegemonia e o partido. *O novo príncipe*.

---

[3] À margem: "aqui acrescentada". O acréscimo está na parte inferior do manuscrito.

[4] À margem: "Os conselhos de fábrica e o partido".

Reprova que o marxismo nele sempre fosse em função de um pensamento finalista, e que representasse uma antítese clara ao pensamento liberal.

O problema do marxismo continua a ser o de sua inserção no pensamento moderno, que não é escatológico. As assim chamadas crises de consciência são também em função dessa insuficiência filosófica. O pensamento liberal não está morto. O pensamento antigo não está morto nem mesmo depois do cristianismo. Não creio que a ideia do marxismo teórico de que o marxismo representa uma ruptura possa ser compartilhada. A filosofia, antes de Marx e depois de Marx[5]. Não se trata apenas de preferências pessoais: confirmação histórica; imensos setores que escaparam das garras do marxismo; economia, direito, teoria política. Trata-se de ver se o marxismo pode recuperá-los permanecendo marxismo. Aqui é difícil.

Acréscimo.

Interpretação da dialética:

Croce e Proudhon (o lado bom e o lado mau).

"O erro filosófico de tal concepção consiste no que, no processo dialético, se pressupõe mecanicamente que a tese deva ser conservada na antítese para não destruir o próprio processo, que, portanto, é previsto como uma repetição mecânica *ad infinitum*, arbitrariamente prefixada. Na verdade, trata-se de um dos tantos modos de tentar explicar absolutamente tudo, de uma das tantas formas de racionalismo anti-historicista"[6].

---

[5] À margem: "Duas atitudes: o marxismo é um enxerto (não podemos deixar de nos dizer marxistas); ou então é a *planta* e não há o que enxertar (é uma atitude de fechamento). Eu considero mais compatível com o pensamento moderno a primeira fórmula. E lhes direi em que consiste a semente: a súbita e radical transformação do homem teórico no homem prático".

[6] A. Gramsci, *Il materialismo storico e la filosofia di Benedetto Croce* [*O materialismo histórico e a filosofia de Benedetto Croce*], Turim, Einaudi, 1948, p. 185. Esta e as citações gramscianas seguintes não são literais.

Tese gramsciana.

"Na história real, a *antítese tende a destruir a tese*, a síntese será uma superação, mas sem que se possa estabelecer, *a priori*, o que da tese será mantido na síntese, sem que se possa, *a priori*, *medir os golpes*, como em um ringue convencionalmente preparado[7]."

"Cada antítese deve necessariamente colocar-se como antagonista radical da tese, até que se proponha a sua destruição completa e a sua completa substituição[8]." "Cada membro da oposição dialética deve procurar ser completamente ele mesmo e entrar na luta com todos os seus recursos políticos e morais, e somente assim se consegue uma real superação[9]."

---

[7] *Ibid.*

[8] *Ibid.*, p. 221.

[9] A. Gramsci, *Note sul Machiavelli sulla politica e sullo stato moderno* [Notas sobre Maquiavel sobre a política e sobre o Estado moderno], Turim, Einaudi, 1949, p. 71.

6. ÍTALO-MARXISMO[1]

1. O caráter do ítalo-marxismo é a interpretação não materialista de Marx. Labriola[2] (Croce e Gentile), Arturo Labriola, Mondolfo até Gramsci (apenas com Della Volpe começa uma nova escola).

2. Com o exorcismo da *matéria* (abominada!), segue-se uma interpretação hegelianizante de Marx. Mesmo Croce, que também não dá importância nenhuma à *filosofia* de Marx, diz que nunca pensou em rejeitar a inspiração hegeliana de Marx, porque negar tal inspiração seria "negar a evidência" (p. 83)[3].

Mas essa relação com Hegel pode ser vista de várias maneiras. O modo mais comum é a derrubada da ideia em questão (mas não é

[1] ANB, Stanza Studio Bobbio, 22, u.a. 78. Manuscrito s.d. em duas folhas. Alguns conceitos e algumas frases destes apontamentos se encontram no último parágrafo da Introdução de N. Bobbio a R. Mondolfo, *Umanismo di Marx. Studi filosofici 1908-1966*, Einaudi, Turim, 1968. Considerando a referência ao livro de Luciano Vernetti, de 1966, os apontamentos foram escritos entre 1966 e 1968, provavelmente em 1967.

[2] Antonio Labriola (1843-1904), filósofo italiano, e um dos precursores do marxismo na Itália. É a este Labriola, e não ao outro, Arturo, a quem Bobbio se refere nas demais ocorrências desse sobrenome nos textos aqui reunidos, exceto quando indicação em contrário. [N.E.]

[3] B. Croce, *Materialismo storico ed economia marxistica*, Bari, Laterza, 1927. À margem: "para Croce veja também p. 5 de *Materialismo storico*: a relação entre Marx e Hegel lhe parece mais que tudo psicológica. Muito aguda a observação de que a guinada dc Marx não é em relação a Hegel, mas em relação aos ideólogos (p. 83). Veja também nota (que se encontra também na p. 5). A guinada de Hegel seria colocar a Matéria no lugar da Ideia, não fazer as ideias (dos homens) derivarem dos fatos".

a de Croce, ib.). Esse é o modo gentiliano, mas nesse modelo se pode distinguir aqueles que consideram Marx um progresso em relação a Hegel (certamente Labriola), e os que o consideram um retrocesso (certamente Gentile). Outra distinção a ser feita seria entre a hegelianização de Marx (isto é, Marx é um filósofo que pertence à grande tradição do pensamento filosófico, a uma *grande época* da filosofia europeia), que é própria daqueles que fazem de Marx um pretexto polêmico contra o positivismo (eu diria que o ítalo-marxismo vai nesse sentido), e a marxistização de Hegel (que é própria de Lukács, mas de um jeito novo, em relação à tradição italiana). Eu diria que a característica dos italianos – impregnados de hegelianismos – é a operação de reconduzir Marx a Hegel para *enobrecê-lo*. Gramsci (Labriola?). Mondolfo nunca se ocupa muito do problema.

O próprio Mondolfo precisou as características do ítalo-marxismo (de Vernetti[4], p. 3, que cita um ensaio sobre crítica social de 1948): repúdio do materialismo metafísico, oposição ao determinismo econômico (ou seja, revalorização da superestrutura), exigência de liberdade.

*

Lembrar *Vico*, citado por Antonio Labriola de Arturo Labriola, Rev. e ref. p. 13[5]. Mondolfo (além de [Gramsci?] Engels, *Sulle orme*, II, p. 24[6], também uma contribuição ao esclarecimento de ideias). Mas Gramsci, não: veja MS 242[7], onde se contrapõe Vico (retrocesso) a Hegel (progresso). Gramsci não é um seguidor de Vico.

---

[4] L. Vernetti, *Rodolfo Mondolfo e la filosofia della prassi* [Rodolfo Mondolfo e a filosofia da práxis], Nápoles, Morano, 1966.

[5] Arturo Labriola, *Riforme e rivoluzione sociale* [Reformas e revoluções sociais], Lugano, Società editrice Avanguardia, 1906.

[6] R. Mondolfo, *Sulle orme di Marx*, Bolonha, Cappelli, 1923.

[7] A. Gramsci, *Il materialismo storico e la filosofia di Benedetto Croce*, Turim, Einaudi, 1948.

II. OS MANUSCRITOS E O JOVEM MARX

7. OS *MANUSCRITOS ECONÔMICO--FILOSÓFICOS* DE K. MARX[1]

Em sua exposição de terça-feira passada, o colega Abbagnano, falando do romantismo filosófico, deu-me a deixa para começar esta minha exposição sobre a obra juvenil de Marx. E eis que realizarei em parte, parcialmente — sem querer, e apesar de mim mesmo —, a proposta do amigo Geymonat de que as nossas exposições não ficassem dispersas, mas agrupadas por textos ou por assuntos. Com efeito, Marx começa onde o romantismo termina. Se existe uma filosofia romântica que, como bem esclareceu Abbagnano, une, em um certo período da história espiritual do século XIX, as correntes mais disparatadas, então Marx não é mais um escritor romântico, está fora, totalmente fora do romantismo, mas representa a ruptura, uma das rupturas, da concepção romântica do mundo. Outra ruptura é Kierkegaard. Talvez seja este um dos motivos mais sérios da frequente aproximação dos dois escritores, mesmo sendo tão diferentes. Marx e Kierkegaard representam as duas principais vias pelas quais se exauriu o espírito

---

1 ANB, Corredor, 152, u.a. 769. Sob o título, entre parênteses: "exposição na seção de Turim do Instituto filosófico, em 25 de jan. de 1949". Manuscrito de sete páginas escritas frente e verso.

romântico. Talvez mais difícil de entender seja quanto a Kierkegaard, no qual, a começar por Wahl[2], foram colocados em relevo os motivos românticos. No entanto, a angústia não é, por certo, um sentimento romântico. É o estado do homem para quem o finito não se revela mais o infinito, mas, ao contrário, entre o finito e o infinito, foi escancarado aquele abismo que coloca o homem sozinho diante de si mesmo e de frente para o nada. Quando o finito é revelação do infinito, então se tem o entusiasmo, a *Schwärmerei* dos românticos. A angústia é o entusiasmo invertido. Quanto a Marx, é mais fácil e mais clara a sua definição de não romântico. Não pode haver identidade entre infinito e finito porque falta um dos dois termos. Em Marx, não existe senão o finito; a filosofia de Marx é uma das mais austeras e radicais reduções da realidade à finitude, do ser ao ser finito, e, portanto, da história a movimento do ser finito. Se as características do romantismo — como ilustrou Abbagnano — são a revelação e a tradição, ou seja, uma revelação histórica e uma história reveladora, em Marx não existe revelação, porque em que deveria ser revelação o finito se o finito é todo o ser? E não existe tradição nem progresso necessário. Um intérprete recente de Hegel me disse que a história, para Hegel, deixou de ser um escândalo para ser uma teodiceia. Então, para Marx, a história é, de novo, um escândalo[3]. Nisso se reconecta ao iluminismo e retoma a teoria da história própria dos iluministas. A história é uma história de erros e de males: é preciso mudá-la. A doutrina revolucionária de Marx, que se funda na história como

---

[2] Jean Wahl (1888-1974), professor da Sorbonne e estudioso de Hegel e Kierkegaard. [N.E.]

[3] Aqui termina a primeira página do manuscrito de Bobbio, que carrega à margem duas anotações de difícil colocação no contexto: "Passagens a serem lidas. p. 85 (trabalho alienado)" e "Referência a Hobbes e a Hegel para uma teoria da sujeição diferente daquela formulada por Marx". Aqui e em seguida, os números das páginas devem ser entendidos – salvo indicações em contrário – como relativos a K. Marx, *Manoscritti economico-filosofici del 1844*, trad. de N. Bobbio, Turim, Einaudi, 1949 (mas o livro saiu da tipografia em 30 de setembro de 1948).

escândalo, contrapõe-se à doutrina conservadora dos românticos, que culmina em Hegel, para quem a história é uma teodiceia. Sobre os motivos iluministas do jovem Marx não resta hoje nenhuma dúvida. Há um episódio que — para ilustrar essa luta contra o romantismo — merece ser recordado. A *Escola Histórica do Direito*. As aulas de Savigny a que assistiu em Berlim. O artigo contra a Escola Histórica na *Gazeta renana* em 1832 toma posição contra o tradicionalismo e o conservadorismo da Escola Histórica, com tons iluministas, isto é, contrapondo a um histórico[4] direito positivo, que é racional tão somente pelo fato de ser positivo, um direito da razão, e, portanto, atribuindo à razão o direito de criticar a história.

Mas a grande prova do antirromantismo de Marx é a crítica a Hegel, a libertação em relação a Hegel, em quem o espírito romântico havia chegado a seu ponto extremo, além do qual parecia que não se poderia mais prosseguir. E a crítica, a libertação de Hegel nos introduz plenamente na obra de Marx que queremos justamente examinar. Primeira obra engajada. A que essa obra se propõe. O que restou dela. Importância sobretudo de três fragmentos: o trabalho alienado, propriedade privada e comunismo, e crítica da dialética hegeliana. Compreendem as exposições mais amplas do pensamento filosófico do jovem Marx[5]. O momento em que foi escrita essa obra. Março-setembro de 1844, temporada parisiense. Chega a Paris pleno de cultura hegeliana[6]. Em Paris estuda os economistas ingleses e entra em contato com os socialistas franceses também diretamente (Proudhon).

Os três componentes do pensamento de Marx.

---

[4] A palavra "histórico" está apagada.

[5] À margem: "Uma segunda razão de interesse dessa obra é que é solitária. Existem algumas razões que não se repetirão mais com aquele interesse. É a obra mais propriamente filosófica de Marx, em que delineia uma autêntica *Weltanschauung*". [Em alemão, "visão de mundo". (N.E.)]

[6] À margem: "filtrada através das discussões da esquerda hegeliana e, sobretudo, através do pensamento de Feuerbach (A essência é de '41, as outras duas obras clássicas, de '43)".

Longo encontro com Engels, que acendeu o estopim de sua obra (e que leva o mesmo título da de Engels: *Crítica da economia política*. A "Introdução" dos *Anais* representa o ponto ao qual Marx havia chegado e do qual parte para escrever essas notas.

Os três temas fundamentais da obra:

a) crítica da dialética hegeliana;

b) posições de um humanismo naturalista;

c) temas do comunismo.

a) O influxo de Feuerbach. Os três pontos: 1) crítica da filosofia; 2) fundação do verdadeiro materialismo e da ciência real; 3) positividade imediata contra positividade mediata. Hegel descobriu o *movimento da história, mas o idealizou, mistificou-o*[7]. Dialética mistificada. A mistificação consiste em Hegel transferir esse movimento da história real para a consciência. E, assim, tem lugar um movimento que não é o movimento da história real, mas *da consciência consigo mesma*[8]. Trata-se de uma história ideal. De uma *dialética do pensamento puro*. Esse erro de Hegel deriva do próprio fundamento de sua concepção de homem, isto é, da *redução do homem à autoconsciência*. Ou, como também diz, a puro espírito (não natureza), ou homem teórico (não prático). Essa consideração unilateral traz graves consequências: a eliminação do objeto real, e a substituição do objeto real por objetos ideais. Somente o homem prático tem objetos reais; o homem teórico, o homem autoconsciência, tem por objetos os objetos da consciência, objetos ideais, a consciência objetivada. Mas o homem prático tem objetos reais; o homem teórico, o homem autoconsciência tem por objetos os objetos da consciência, objetos ideais, a cons-

[7] À margem: "passagem p. 167".

[8] À margem: "passagem p. 170".

ciência objetivada[9-10]. Por isso, a apropriação em Hegel não é apenas a supressão da alienação, mas também da objetividade: então, o encontro de um *ser puramente subjetivo. Mas um ser subjetivo, isto é, não objetivo, é um não ser.* Um terceiro ponto ainda: a consciência tem uma atividade única e específica: o saber, isto é, o homem teórico. Disso deriva uma típica deformação hegeliana; que ele[11] reduz tudo a filosofia, isto é, enquanto crê superar ou suprimir, na realidade, confirma: a verdadeira existência da religião é a filosofia da religião, e não pode existir verdadeira religião senão como filosofia da religião; uma outra deformação é que isso que Hegel suprime não é *a existência real, mas a existência como objeto do saber*, isto é, a dogmática, não a religião etc. etc. A filosofia de Hegel, em suma, é a glorificação do *homem teórico* (e essa posição é interessante também de um ponto de vista ideológico, enquanto revela a divisão do trabalho, própria da sociedade feudal e burguesa, para a qual a teoria é em si etc. etc.).

Importância de Hegel: o movimento da história é um movimento de alienação e de apropriação. Mas Hegel fez dele o movimento do pensamento. É necessário fazer dele o movimento da história[12].

b) O erro de Hegel derivava da própria concepção de homem. Para se libertar daquele erro, isto é, para traduzir a dialética mistificada em dialética real, seria preciso *uma outra con-*

---

[9] À margem: "Gentile não observou isso, portanto, identifica a práxis com a fabricação do conhecimento".

[10] Esta repetição consta do original. [N. E.]

[11] Depois de "ele", a frase seguinte está apagada: "crê suprimir uma determinada realidade, mas, pelo contrário, suprime o saber daquela realidade".

[12] À margem: "[ver uma sugestão em Kojève, p. 432, em que diz que a realidade = o que resiste se revela apenas à ação, não ao pensamento. E diz isso interpretando Hegel e considerando Hegel realista, e não idealista]". Cf. A. Kojève, *Introduction à la lecture de Hegel. Leçons sur la Phénoménologie de l'Esprit* [Introdução à leitura de Hegel. Lições sobre a Fenomenologia do Espírito], Paris, Gallimard, 1947, p. 432-433.

cepção do homem. E esse me parece o ponto mais interessante da presente obra. Antes de mais nada, inverte a tese idealista: *o homem não é um ser subjetivo, mas um ser objetivo*, objetivo precisamente porque é natural, é originariamente natureza. Ser objetivo quer dizer que *estabelece objetos* (isto é, opera objetivamente) e é *estabelecido pelos objetos*. Estabelecido pelos objetos na medida em que os objetos de seus impulsos existem fora de si (passividade). Estabelece objetos na medida em que é também ser ativo e estabelece objetos, e não abstrações, na medida em que é ele mesmo um ser objetivo[13]. Ver notas indicação [ ] p. 16. O naturalismo da época, do qual existem claríssimos vestígios em Feuerbach.

Mas o homem não é apenas um ser natural, é um ser humano. Em que consiste a especificidade do homem? A consciência. O homem tem uma atividade vital consciente. Assim, a consciência não é o homem todo, como em Hegel, mas uma qualidade da natureza humana (ver p. 174: parte 4. A natureza humana é uma qualidade da autoconsciência; para Marx, a autoconsciência é uma qualidade da natureza humana). Consciente quer dizer que faz da própria vida um objeto[14]. Além disso, o homem é um ser *universal* e *livre*. Universal quer dizer que a natureza inteira é seu objeto (o seu corpo inorgânico); livre no sentido de que sua necessidade não é imediata como nos animais. Exatamente por ser livre, universal e consciente, o homem, em suas relações com a natureza, tem uma atitude diferente da dos animais: não se adapta apenas, mas *produz*, isto é, *transforma* a

[13] À margem: "O mundo da objetividade é o mundo da práxis. O homem teórico não tem objetos reais, mas apenas ideais (ou abstrações)".

[14] À margem: "[Mas como fazer da própria vida um objeto se antes disse que a consciência não tem objeto, mas só objetos ideais? Talvez seja necessário distinguir a consciência da autoconsciência]".

natureza[15]. Surge aqui, em primeiro plano, a atividade produtiva do homem. O *trabalho*. Toda a história humana é história da produção do homem. Só o naturalismo explica isso: porque a história é a história natural do homem. A história do homem não é a *fenomenologia do espírito*, mas *a história natural do homem*, a história da natureza que vira humana. O naturalismo permite a Marx fundar a objetividade. Esse é o ponto. Objeto como realidade em contraste com a idealidade[16].

c) Mas se, efetivamente, a história é a história natural do homem, a história é a história da alienação do homem, porque o trabalho, aquilo que realmente constitui a força essencial do homem, é alienado[17]. A alienação do trabalho implica a alienação total do homem, porque é o fundamento de qualquer outra alienação; e é o fundamento de qualquer outra alienação porque o homem, antes de ser autoconsciência, é natureza, antes de ser homem teórico, é homem prático. E é a alienação do homem prático que determina todas as alienações posteriores. Feuerbach definiu a religião como alienação; mas não percebeu que a religião é apenas a alienação do homem teórico, e que na base dessa alienação está a alienação do homem prático, isto é, o trabalho alienado[18]. Os quatro momentos da alienação do trabalho: 1) a *alienação da coisa*. E essa alienação é dupla, ou seja, trata tanto dos objetos que o operário produz quanto dos meios de subsistência que

---

[15] À margem: "Dá um sentido humano à natureza, a humaniza. A natureza, em contato com o homem, não é mais natureza, mas natureza humanizada. O homem vem da natureza, mas transforma a natureza. Esta obra de transformação é o trabalho".

[16] À margem: "[A relação natureza-história em Hegel não é muito diferente da em Marx, segundo a interpretação de Kojève, p. 434 e ss. Ver, sobre Hegel, um dos últimos trechos da *Fenomenologia*, II, p. 326]". A referência é à *Fenomenologia dello spirito* [Fenomenologia do Espírito], trad. de E. De Negri, 2 vols., Florença, La Nuova Italia, 1933-36.

[17] À margem: "Dedução de Feuerbach e analogia com a sua teoria da alienação religiosa".

[18] À margem: "passagem, p. 122-123".

lhe são negados até a sua anulação, isto é, até morrer de fome[19]; 2) a *alienação de si* (aqui também em duplo sentido: por destruir o próprio corpo e o próprio espírito, e por seu trabalho não lhe pertencer, mas a outros, sendo um meio de satisfação das necessidades alheias: o operário torna-se *instrumento*); 3) a *alienação da própria essência do homem* (*desumanização* do operário)[20]; 4) o *estranhamento do homem em relação ao homem* (a dissociação, a desagregação da sociedade).

A quem pertence esse trabalho? Não aos deuses nem à natureza. Mas a um outro homem. Ao proprietário. A propriedade é o produto do trabalho alienado: resumindo, é o produto da escravidão, da instrumentalização, da desumanização, da dissociação. É isso o que se nos revela, sem nos dar uma explicação, a economia política.

A libertação do homem é a libertação da propriedade. E, já que a propriedade é a alienação de todo o homem, a emancipação dos operários, isto é, dos não proprietários, é a emancipação total do homem, a reconquista do homem total. Tal reconquista não pode chegar senão pela supressão da propriedade, ou seja, no comunismo. O comunismo é a apropriação do homem total, o retorno do homem a si mesmo pela eliminação da alienação do trabalho produzida pela propriedade. É, em termos hegelianos, a negação da negação: não uma supressão que acontece na ideia, mas na realidade. É a síntese de uma dialética não mais mistificada, mas real. Naturalmente, esse comunismo não se torna claro de uma hora para outra. Primeiro existe um comunismo grosseiro e material, depois um comunismo incompleto.

---

[19] Entre as linhas: "retirar-se do objeto".

[20] À margem: "com base nessa alienação o homem não apenas não é mais ele mesmo como indivíduo, mas também como essência: é a alienação não apenas de sua individualidade, mas também de sua universalidade".

E, enfim, um comunismo positivo. Definição[21]. O comunismo, enquanto síntese do naturalismo e do humanismo, é a realização do homem social, ou da sociedade real do homem. Apenas na sociedade real, em que o homem é social, ocorre a conciliação definitiva entre homem e natureza, entre natureza e homem, entre homem e homem[22]. Entende-se que, ao chegar a esse ponto, Marx havia enfim lançado luz sobre duas descobertas que depois constituiriam uma conquista definitiva de sua filosofia, isto é, a conversão da teoria em práxis[23] e o materialismo histórico[24]. A história como autocriação do homem. Do naturalismo humanista ao historicismo absoluto.

Com esse ponto de clareza teórica, a tarefa não era mais teórica, mas prática. A filosofia havia esclarecido que o mundo deveria ser transformado, e o que era necessário fazer para transformá-lo. E não o homem Marx, mas toda a classe dos homens estranhados deveria passar à ação, isto é, a fazer a história. Qualquer filosofia que surgisse depois desse esclarecimento lhe pareceria como o fruto tardio de homens decadentes, ou de uma ideologia contrarrevolucionária. Por isso, Marx anunciou o fim da filosofia. É o significado da glosa 11 a Feuerbach. Consequentemente, Marx entregaria seus trabalhos filosóficos à sanha roedora das ratazanas. E seriam publicados somente em 1932.

Esse resultado de Marx deixou uma tarefa específica para a filosofia posterior[25].

---

[21] À margem: "passagem p. 121-122".

[22] À margem: "passagem p. 124".

[23] À margem: "passagem p. 130".

[24] À margem: "passagem p. 122-123".

[25] À margem: "a apropriação miraculosa leva a algumas outras alienações, por exemplo, da alienação econômica à alienação política, da alienação religiosa à alienação ateísta. De todo modo, é certo que um pensamento tão radical sobre a história não pode ser criticado senão mergulhando na história. Certamente, não com a filosofia das belas palavras. Jacobi referência (p. 147)". A referência é de F. H. Jacobi, *Idealismo e realismo*, trad. de N. Bobbio, Turim, De Silva, 1948.

Para criticar Marx é preciso remontar a Marx, individualizar suas teses principais. Duas teses fundamentais: a) a história do homem é uma história de estranhamento e de apropriação; b) a passagem do estranhamento à apropriação é propiciada pela supressão do trabalho alienado, na medida em que a alienação do trabalho é a completa alienação do homem. Uma crítica produtiva de Marx deve ter em vista atingir um desses pontos, ou ambos. Existem essas posições diferentes: ou a história do homem é a história do estranhamento do homem, mas, uma vez que não é autocriação do homem, a apropriação não é deste mundo; ou a história do homem é uma história da apropriação do homem, isto é, do homem que de vez em quando é sempre fraco (idealismo, romantismo); ou então, se a história é autocriativa, a alienação do homem não é apenas do trabalho, e não basta o *fiat* da supressão da propriedade, mas é preciso um trabalho contínuo, diuturno, de correção, de melhoramento, sem embarcar em visões escatológicas e catastróficas[26]. É a posição do racionalismo crítico, o qual teme que *<frase não terminada>*[27].

Todo o desenvolvimento da história do homem acontece, para Hegel, na consciência, isto é, sob a forma de ideia, considerando a ideia como o produto próprio da consciência. Ou seja, é uma história puramente ideal, que não tem nenhum contato e nenhuma relação com a história real. Isto é, é uma pura abstração (ideal, em oposição a real, abstrato, em oposição a concreto)[28]. O processo das abstrações e da apropriação ocorrem no interior da consciência, são movimentos do pensamento consigo mesmo.

---

[26] À margem: “sem a dialética típica do marxismo catrástrofe-regeneração”.

[27] A não ser que esteja faltando uma folha, a frase é deixada em suspenso no final da página. De todo modo, daqui em diante, Bobbio parece voltar com maior profundidade aos pontos já enunciados anteriormente. À margem: “tradição reveladora e revelação histórica”.

[28] À margem: “v. p. 173: homem genérico e obra coletiva”.

Portanto, Hegel descobriu o movimento da história, movimento que consiste na relação dialética de abstração e de alienação, mas idealizado, isto é, o fez um movimento abstrato.

Um segundo erro de Hegel é ter, sim, reivindicado o mundo objetivo do homem, mas de ter estabelecido a essência do homem no espírito, sendo os produtos do homem todos produtos do espírito, e, portanto, por serem momentos do espírito, são entes ideais. Hegel tem o mérito de expor os elementos da *crítica*, mas depois os mistifica. Resumindo, é uma crítica que ainda não está clara para si mesma.

O resultado da filosofia de Hegel — em poucas palavras — é a *dialética do pensamento puro* (p. 172).

Do segundo erro resulta esta consequência: se o objeto da consciência não é o objeto real, mas apenas a consciência objetivada, segue-se que a *apropriação*, em Hegel, não é apenas a eliminação do estranhamento, mas também da objetividade. Isto é, a apropriação e a redução do homem à espiritualidade, a ente espiritualista não objetivo. Ou mais adiante: para Hegel, o *ser humano, o homem, é autoconsciência* (p. 174)[29]. E a autoconsciência não é o homem real, mas apenas a abstração do homem (p. 176). O homem real tem objetos reais (não abstratos), e, portanto, a sua autoalienação estabelece um mundo real (enquanto o homem de Hegel, que é mera consciência, estabelece apenas a coisa abstrata, a *coisidade*, a Dinglichkeit, a qual não é uma coisa real, mas uma coisa criada, estabelecida pela autoconsciência). O homem real — ainda — não é sujeito, porque opera objetivamente, e opera objetivamente porque a objetividade se encontra na determinação do seu ser.

---

[29] À margem: "*Manuscritos*: p. 174: para Hegel a natureza humana é uma qualidade da autoconsciência; para Marx a autoconsciência é também uma qualidade da natureza humana, como ver, sentir etc. [Isto é: a natureza precede a autoconsciência. E, portanto, o homem total não é apenas a autoconsciência, mas toda a natureza humana, aí compreendida a autoconsciência]".

O homem é objetivo, porque é originariamente natureza: estabelece apenas objetos, porque é estabelecido pelos objetos. Em resumo, o produto do homem é objetivo porque sua atividade é objetiva (e é objetiva na medida em que é natural). Aqui é evidente o *naturalismo* marxista, como derrubada do *espiritualismo* hegeliano: objetividade do homem natureza em contraponto com a subjetividade do homem espírito. Logo depois (p. 177), Marx, de fato, fala de *naturalismo* ou *humanismo*, que se distingue tanto do idealismo quanto do materialismo, e é a verdade síntese entre ambos. E apenas o naturalismo é capaz de entender a ação da história universal[30]. O que quer dizer que o homem é um ser objetivo, ou parte de objetos? Quer dizer que o homem, enquanto ser natural, dotado de corpo e de sentidos, é um ser passivo, *condicionado* e *limitado*, como os animais e as plantas (p. 177), quer dizer que os objetos dos seus impulsos existem fora dele. Mas o homem é também um ser natural ativo, dotado de forças naturais que existem nele no estado de impulsos. O homem, na medida em que é ele mesmo ser objetivo, não pode não estabelecer, exteriorizando-se, objetos. E não estabelece objetos se ele mesmo não for um objeto. O sol é o objeto das plantas e, reciprocamente, as plantas são objetos do sol. [Portanto, um ser natural é um ser objetivo; um ser objetivo é um ser que tem um objeto fora de si; um objeto que tem um ser fora de si é ele próprio objeto. E somente um ser objetivo é um ser; *um ser não objetivo é um não ser*[31]. O que quer dizer que, para Marx, identificando o ser objetivo com o ser

[30] À margem: "*Manuscritos* p. 132: 'A própria história é uma parte *real* da *história natural*, da natureza que se transforma em homem'. Um pouco mais adiante: *a ciência natural do homem* é equivalente à realidade social da natureza, à ciência humana da natureza – p. 179: 'A história é a verdadeira história natural do homem' – p. 134: 'para o homem socialista, toda a chamada história do mundo não é senão a generalização do homem pelo trabalho humano, nada mais que o devir da natureza pelo homem'".

[31] À margem: "Ver também depois: um ser não objetivo é um ser *irreal*, um ser da abstração".

natural, não existe outro ser fora do ser natural. *Quem diz ser diz ser natural*. A realidade, portanto, é natureza. Redução da realidade à natureza. E isso é, evidentemente, *naturalismo integral*].

Mas o homem não é apenas *ser natural*, é um ser natural *humano*. Em que consiste a humanidade do homem? Esse é um ponto bastante difícil. Vejamos as várias expressões de Marx das quais se possa indicar a essência específica do homem[32]: 1) o homem se comporta em relação a si mesmo como se fosse um ser universal, e, portanto, livre (p. 88); 2) o homem, diferentemente do animal, faz de sua atividade vital o próprio objeto de sua vontade e de sua consciência (p. 89), ou seja, tem uma atividade vital consciente (ibid.), isto é, faz de sua própria vida um objeto (em que consiste a consciência)[33]; sua atividade, portanto, é uma atividade livre (p. 89); 4) o homem é um ser genérico dotado de consciência (p. 89); 5) é um ser que se comporta em relação ao gênero como em relação ao próprio ser, ou em relação a si mesmo como em relação ao seu ser genérico (pp. 89-90) [fórmula idêntica pouco antes, p. 86, início]; 6) o homem produz de modo universal, não unilateral; livre da necessidade, e não só quando é obrigado etc. (p. 90); o homem não é um ser que é por si mesmo [Della Volpe aqui interpreta refletido em si, pensante, *Libertà comunista*, p. 62][34]. De todas essas explicações, revela-se que a característica do homem é ser consciente, isto é, fazer de si objeto de si mesmo e, como tal, ser livre e universal (desvinculado do que é imediato).

---

32 À margem: "Para a expressão *Gattungswesen*, v. p. 88 e ss.; p. 125, 172, p. 130".

33 À margem: "a atividade livre e consciente é o caráter do homem".

34 G. Della Volpe, *La libertà comunista. Saggio di una critica della ragion "pura" pratica* [A liberdade comunista. Ensaio de uma crítica da razão "pura" prática], Messina, Vincenzo Ferrara, 1946.

Voltemos a Hegel. Viu-se que, para Hegel, o homem é consciência. Mas a consciência tem como seu ato único e específico o *saber*. Comenta em seguida sobretudo o n. 6: "a consciência, no seu ser outro enquanto tal está junto de si", em que ele diz que se encontram todas as ilusões da especulação. De fato, interpreta a frase hegeliana desse modo: que o homem está junto de si quando é outro, quer dizer, por exemplo, que mesmo depois de ter reconhecido a religião como um produto da alienação de si, acha-se, no entanto, reafirmado na religião como religião[35]. E aqui está a raiz do *falso positivismo de Hegel*, ou do seu *aparente criticismo* (p. 181). Por isso critica a *negação da negação* em Hegel (p. 182): essa não é a confirmação do ser verdadeiro pela negação do ser aparente, mas é a *confirmação do ser aparente*, ou a negação do ser aparente como ser objetivo fora do homem e a sua transferência para o sujeito. Ele assim explica: a verdadeira existência da religião é a filosofia da religião (porque o movimento dos momentos do movimento se revela apenas no pensamento, isto é, na filosofia). Disso resulta que eu sou verdadeiramente religioso como filósofo da religião (verdadeiramente político como filósofo da política etc.); e, portanto, nego a religiosidade real e o homem realmente religioso. Mas, no mesmo momento em que os nego, eu os confirmo em parte dentro dos limites da minha própria existência que contraponho a eles, já que ela é apenas sua expressão filosófica; em parte, na sua característica forma originária, porque valem como alegorias (ser aparente) da sua verdadeira existência, isto é, da minha existência filosófica. Aqui, em essência, Marx quer demonstrar que a supressão hegeliana não é uma supressão real, mas apenas pensada, filosófica. Enquanto tal, no exato mo-

[35] À margem: "ou, com outro exemplo, que depois de ter reconhecido que 'no direito, na política etc. leva uma vida alienada, leva *nessa vida alienada como tal* a sua verdadeira vida humana' (p. 181)".

mento em que nega a negação, a confirma. Mas seria necessário esclarecer melhor esse ponto. Mais claro, pouco depois, quando diz que a *supressão é uma supressão do ente pensado*; por exemplo, a propriedade privada *pensada* se suprime no *pensamento da moral* (p. 183). Ainda dois aspectos: a) de um lado, a existência que Hegel suprime não é a existência real, mas a existência como objeto do saber, isto é, a dogmática, e não a religião, e assim por diante; b) o homem religioso, por outro lado, pode encontrar em Hegel a sua última confirmação.

Em seguida, trata dos elementos positivos de Hegel (p. 184), os quais adiamos. Três pontos: marcados por a, b e, *em terceiro lugar*. Notamos esta frase: o processo humano acaba por se tornar, em Hegel, um processo divino, em que "o homem real e a natureza real se tornam puros predicados e símbolos desse homem escondido, irreal, e dessa natureza irreal". Tem-se, portanto, em Hegel, uma reviravolta da relação ideal-real, sujeito-objeto. O mundo real torna-se aparência, símbolo: e o mundo ideal, pensado, torna-se a verdadeira realidade.

E agora tentemos desenvolver o *naturalismo* de Marx que ele contrapõe ao idealismo ou falso positivismo de Hegel. Foi dito que o homem é natureza, objeto, ser objetivo: mas é *natureza humana*. Em uma definição posterior, é o caráter *social* da natureza humana: essa definição surge na p. 121 e ss., em que se fala do comunismo como "retorno do homem para si", do homem como ser social, isto é, humano. Em seguida, na p. 124, especifica: a sociedade produz o homem enquanto homem, e o homem produz a sociedade. Existe, portanto, a mesma interdependência entre homem e sociedade que entre homem e natureza. Decorre disso que a atividade e o espírito do homem são sociais tanto por seu conteúdo quanto por sua origem. A natureza é humana apenas para o homem social: apenas na sociedade a natureza existe para o homem como vínculo com outro homem. [Isso é dito não no plano ontológico, mas deontológico: isto é, somente quando a sociedade humana for realizada que apenas a natureza será humana.] "Homem social" no sentido deontológico, ou seja, no sentido do homem como deveria ser depois da supressão da propriedade privada, isto é, na sociedade comunista. Quero dizer que o homem natural não é o *homem social*, mas torna-se o homem social com a supressão da propriedade privada. Que a sociedade seja aqui entendida como ponto-limite é explicado pela seguinte frase célebre: "a sociedade é a unidade essencial do homem com a natureza, o naturalismo completo do homem e o humanismo completo da natureza". Na sociedade em que o homem é ser social (isto é, na sociedade em que foi eliminada a alienação etc.), toda atividade humana é social (não apenas a imediatamente social), por exemplo, também a atividade científica, porque a sua própria existência é uma atividade social. Em segundo lugar, enquanto hoje a consciência universal é uma abstração da vida real, e hostil à vida, na sociedade "a minha consciência universal não é senão a forma teórica daquilo de que a comunidade real é a forma viva", ou seja, existe uma perfeita correspondência (não hostilidade) entre pensamento e vida.

O comunismo representa a apropriação do homem total. O homem na sociedade atual é alienado. É alienado totalmente porque é alienada a atividade específica que faz dele um homem e o distingue da natureza: o trabalho. Como ocorreu essa alienação? Trata-se de interpretar o movimento da história segundo a própria economia política, que é a ciência da alienação humana. A economia política nos ensina uma coisa: que o homem-trabalhador é sobretudo mercadoria, e que a sociedade inevitavelmente se divide em duas classes opostas, de proprietários, de um lado, e de operários sem propriedade. A economia política é a ciência da propriedade privada, mas não a explica, isto é, não nos explica com base em qual lei a propriedade privada se forma. A economia política não explica o movimento necessário da história: apresenta-nos tudo como acidental, enquanto existe uma lei necessária que é preciso esclarecer (p. 82). O trabalho produz objetos: mas no mundo da economia política, isto é, da propriedade privada, o objeto do trabalho torna-se um ser estranho, uma *potência independente* daquele que a produz, até levar à anulação da obra (o operário morre de fome) (p. 83). Analogia com a religião: também a religião, como o regime da propriedade, é um mundo estranhado. Quantas coisas mais o homem verte no objeto do trabalho (isto é, quanto mais produz), mais é pobre. Assim, quanto mais coisas atribui a Deus, menos ele mesmo detém (p. 84). A alienação é dupla: não só dos objetos que o operário produz (que se tornam *estranhos* e independentes), mas dos mesmos meios de subsistência do operário. O operário torna-se, no duplo sentido, *escravo do objeto*. Mas a alienação não é apenas objetiva, é também subjetiva, no sentido de que o operário não somente aliena o objeto do próprio trabalho como também a sua própria atividade produtiva, isto é, se *aliena de si mesmo* (p. 86): alienar a própria atividade produtiva quer dizer que em seu próprio trabalho ele se nega, no sentido de que destrói o seu corpo e o seu espírito. No trabalho, o operário não está próximo de si, mas fora de si: por isso a sua infelicidade. A alienação do trabalho também ocorre em um outro sentido: no sentido de que o trabalho não pertence ao operário, mas aos outros; não é um meio para a satisfação das próprias necessidades, mas das necessidades alheias. O seu trabalho, portanto, não é um trabalho humano, mas animalesco. Ele se sente homem apenas nas suas funções animais: beber, comer etc. E eis a situação paradoxal do operário, a ruína dos valores em que vem a se encontrar o operário: que é homem nas funções animais, besta nas funções humanas. Resumindo: o operário exprime dois estranhamentos: o *estranhamento da coisa* (no duplo sentido do objeto do trabalho e dos meios de subsistência), o *estranhamento do gênero*, isto é, o estranhamento da própria essência do homem, considerado não como indivíduo, mas como ente pertencente a um determinado *genus*. A essência do homem, pela qual ele se distingue dos outros animais, está no fato de que o homem se comporta em relação a si mesmo como em relação a um ser *universal*, e, portanto, *livre*. Universal, aqui, significa que não apenas uma única parte da natureza, mas a natureza toda é objeto da ação do homem: a natureza, a natureza inteira, é o corpo inorgânico do homem[36]. Mas o trabalho do operário o aliena dessa universalidade, isto é, o caráter especificamente humano do homem como ser que pertence a um determinado *genus*. Em outras palavras: o trabalho estranhado faz "da vida do gênero um meio da vida individual" (p. 89), explicado mais adiante com esta outra fórmula: "faz de sua atividade vital, de sua essência, um meio para a sua existência"[37]. O trabalho estranhado anula, portanto, as duas características do homem como ser genérico, isto é, a *universalidade* e a *liberdade*. O trabalho do operário não é nem universal nem livre (diz antes, p. 86, que é um trabalho forçado): ou seja, é um trabalho inumano, que vai contra a essência do homem. Como ser universal e livre, a característica do homem (o seu ser genérico) está na *transformação do mundo objetivo*

[36] À margem: "E nessa universalidade está a sua liberdade, pelo fato de que ele não se identifica imediatamente com a sua atividade vital, mas faz de sua atividade vital o objeto da sua vontade e da sua consciência. O animal produz sob o impulso da necessidade; o homem, não. O animal produz no imediatismo da necessidade. O homem interpõe, entre a necessidade e a satisfação, a própria consciência".

[37] À margem: "e à p. 90 ainda: 'faz da vida do homem como ser genérico um meio de sua existência física'; e, à p. 91: 'faz do ser do homem, como ser genérico, um meio de sua existência individual'".

(o animal não transforma o mundo, mas se adapta a ele). E, portanto, o objeto do seu trabalho é a objetivação da vida do homem no seu valor essencial; mas o trabalho estranhado arranca do operário esse objeto, e, portanto, a sua vida na sua essencialidade (p. 90), e lhe tolhe qualquer primado frente aos animais. Um quarto estranhamento, como consequência deste terceiro: o *estranhamento do homem em relação a outro homem*.

Analisando o estranhamento do trabalho nas suas quatro fases, surge uma questão: a quem pertence o trabalho estranhado? A um outro homem estranho ao operário (não os deuses, isto é, a natureza). Esse homem é o proprietário. Portanto, a propriedade privada é o produto do trabalho estranhado. Com a alienação do trabalho, vem a cair a propriedade também: são dois conceitos indissoluvelmente ligados. No início, a propriedade privada é o produto do trabalho estranhado: depois, entre os dois fatos, tem-se uma ação recíproca (no sentido de que a propriedade produz novo trabalho estranhado; o trabalho estranhado, nova propriedade etc.).

Essa análise do trabalho estranhado é fundamental: ao demonstrar que, na alienação do trabalho, se aliena o homem por completo, realiza-se a desumanização total. E, portanto, a consequência que se extrai também é radical: somente a apropriação do trabalho expropriado pode tornar o *homem humano*. E essa apropriação que se realiza apenas com a supressão da propriedade privada é a libertação, a emancipação de todo o homem. *A emancipação dos operários é a emancipação universal do homem* (p. 95), porque "na relação do operário com a produção está totalmente incluída a servidão do homem" (p. 95).

Essa emancipação é obra do comunismo. Mas também o comunismo não se implementa de uma hora para a outra. "A supressão do estranhamento percorre o mesmo caminho do estranhamento" (p. 118). Essas fases são representadas pelas teorias dos socialistas[38] Proudhon, Saint-Simon e Fourier, e depois pelo comunismo grosseiro e material que é a generalização e a realização da propriedade privada (p. 119): esse comunismo revela-se em sua essência na tese da comunhão das mulheres, que é uma forma de prostituição universal, assim como a propriedade geral se torna, por meio desse comunismo, a propriedade universal. Esse comunismo nega a *personalidade do homem* (p. 119). Na medida em que nega a personalidade e a expressão consequente da propriedade privada que é essa negação (p 119). Depois do comunismo grosseiro, existe ainda um outro comunismo, o *comunismo incompleto* (p. 121)[39]: é um comunismo ainda contaminado pela propriedade privada, que entendeu o *conceito* de propriedade, mas não a essência. Este comunismo se apresenta sob dois aspectos: como *comunismo político* (democrático e despótico) e como *comunismo já acompanhado da supressão do Estado*. Sobre esse comunismo, ainda contaminado pela propriedade privada, deteve-se muito pouco[40].

Por fim, existe o comunismo fundado na *supressão positiva* da propriedade privada. Esse comunismo é a apropriação da essência do homem, pelo homem e para o homem, isto é, o retorno do homem ao *homem social*. Definição desse comunismo à p. 122: é a solução do enigma da história. A história começará do comunismo: todo o movimento da história é o ato real de geração do comunismo (enquanto o comunismo ainda inacabado e o que vem depois do comunismo grosseiro busca as provas históricas em sociedades comunistas já realizadas). Esse comunismo é a realização da sociedade como unidade do homem com a natureza

---

38 Depois de "socialistas": palavra apagada "utópicos".

39 Apagado: "que pode ser ainda *político* nas duas espécies, democrática e despótica".

40 À margem: "Muitos problemas se referem a Cabet e a Villegardelle, citados logo depois (p. 122), com a mesma expressão de 'comunismo que ainda não chegou à sua realização'".

(ver p. 124: definição da sociedade). Analogia entre a definição de comunismo e a definição de sociedade: um, síntese de humanismo e naturalismo; de natureza e homem, o outro. O comunismo como apropriação do homem total: Feuerbach enxergou apenas a alienação religiosa. Mas não viu que a alienação religiosa tem por pressuposto a alienação econômica. Portanto, a supressão da alienação religiosa não liberta o homem, mas tão somente, e eventualmente, o homem teórico: apenas a supressão da alienação, isto é, o comunismo, liberta o homem prático e, em consequência, o homem teórico. É a libertação do homem por inteiro, p. 130: "a solução das oposições teóricas é possível apenas de maneira prática", e isso porque, p. 122-123: "a religião, a família, o Estado, o direito etc. não são senão formas particulares da produção etc.". E eis que Marx afirma aqui as duas teses principais: a *transformação da teoria na práxis* e o *materialismo histórico*. E aqui se vê como essas duas teses estão estavelmente unidas. Estabelecida a tese do materialismo histórico, chega-se a ela a transformação da teoria na práxis.

No entanto, ainda uma tese deve ser lembrada, e que é realmente conclusiva: *a história como autocriação do homem*. O conceito de criação deriva da dependência em que se acha o homem diante de outro homem (p. 133), mas, para o homem socialista (isto é, que vive na sociedade comunista), o conceito de criação não é mais necessário, porque ele tem a prova irrefutável de seu próprio nascimento por meio de si mesmo, do fato de que toda a história do mundo não é senão o devir da natureza para o homem, a geração do homem pelo trabalho humano (p. 134). Daí o socialismo não precisar mais do *ateísmo*, tampouco do *comunismo*. De fato, o *comunismo é uma passagem*, o *socialismo é a meta*[41].

[41] De "Mas ainda" a "a meta": à margem no manuscrito.

8. O JOVEM MARX[1]

Falar do jovem Marx quer dizer falar de Marx filósofo, da filosofia de Marx, ou, se quisermos dizer com outras palavras, do *êxito filosófico* das pesquisas que o envolveram mais seriamente durante a juventude[2]. O que não quer dizer que, naqueles anos, Marx tenha feito apenas filosofia. Naqueles anos, ele também escreveu ensaios polêmicos e políticos, como colaborador sobretudo da *Gazeta renana* e dos *Anais franco-alemães*. Entre esses ensaios — que logo virão à luz em um volume[3] — se conhecem pelo menos aqueles acerca de leis sobre a censura, sobre furtos de madeira dos cidadãos de Mosela e sobre a questão judaica. O que queremos dizer exatamente é que apenas naqueles anos ele escreveu obras filosóficas, de propósitos filosóficos, que apenas naqueles anos — e não mais no restante de sua vida — tomou contato direto com a filosofia precedente, fez

---

[1] ANB, Stanza Corridoio, 152, u.a. 769. Sob o título, entre parênteses: "Conferência feita em Pisa em 3 de junho de 1952". Três folhas, das quais duas escritas frente e verso.

[2] À margem: "Trata-se dos anos que vão de 1838 a 1845, dos 20 aos 27 anos. Estudou em Berlim, onde participou do movimento dos jovens hegelianos e obteve seu diploma em Jena, em 1841".

[3] Refere-se a K. Marx, *Scriti politici giovanili* [Escritos políticos juvenis], organização de L. Firpo, Turim, Einaudi, 1950, que reúne artigos e ensaios do quadriênio 1842-45.

dela objeto de discussão e de pesquisa, até moldar para si sua própria ordem de ideias, senão um sistema próprio, que serviu de guia teórico para a obra intelectual e prática desenvolvida nos anos seguintes[4].

Então o interesse pelo jovem Marx, pelo Marx filósofo, nesses últimos anos, na Itália, mas não apenas na Itália, cresceu extraordinariamente, quase a ponto de beirar a exclusividade. De Marx se apossaram. Basta percorrer as revistas filosóficas para perceber isso. Não digo que a filosofia de Marx também não tenha sido objeto de estudo antes. Mas o estudo sobre a filosofia de Marx não era, claro, a parte preponderante dos estudos sobre Marx. Agora, pelo contrário, parece que o estudo do Marx filósofo tornou-se preponderante, se não, de fato, exclusivo. Claro, existiu entre 1895 e 1900 uma certa febre de estudos sobre a filosofia marxística: o que Croce batizou de fase do *marxismo teórico* na Itália, no conhecido ensaio *Come ebbe inizio e come morì il marxismo teorico in Italia* [Como teve início e como morreu o marxismo teórico na Itália]. Tanto que, se quisermos batizar o novo período de estudos marxistas, podemos chamá-lo de a segunda fase do marxismo teórico na Itália. Mas cuidado: entre a primeira e a segunda fase existe uma grande diferença. A primeira fase quis ser uma *liquidação* da filosofia de Marx com a intenção de vencer o marxismo genuíno de Labriola, de neutralizar seus efeitos[5]. É conhecida a lição de Croce: o marxismo não é uma filosofia, nem mais precisamente uma filosofia da história, como se poderia pre-

[4] À margem: "Uma labareda? Uma labareda que se vai queimar e se consumir em si mesma? Mas não se trata disso. A passagem da filosofia à não filosofia foi coerente, intencional, a própria passagem foi filosófica. E, muito frequentemente, o fato de não se ter dado conta deu lugar a algumas más interpretações da filosofia de Marx".

[5] À margem: "Distinção das categorias: a teoria e a prática, o teórico e o político. A Croce o materialismo histórico interessa não aos fins da construção do socialismo, mas apenas como método para compreender melhor a filosofia e a história".

sumir a partir de Labriola, não é sequer uma metodologia, mas um critério, um dos critérios da interpretação histórica[6]. A tese de Gentile é menos clara, mas não menos negativa: Marx, sim, é um filósofo, mas um mau filósofo. A filosofia de Marx é uma filosofia da história, mas, ai de mim, Marx, ao fazer tal filosofia da história teria cometido vários erros: 1) não ter compreendido Hegel, e, portanto, querer derrubá-lo, ao passo que não havia nada a derrubar; 2) ser, por isso, uma das "mais infelizes deturpações" do pensamento hegeliano; 3) ser uma filosofia *contraditória* porque se considera materialista sem, no entanto, de modo algum, sê-lo, porque se funda no princípio da criatividade do conhecimento que é um princípio idealista (uma das mais infelizes má-interpretações de Marx). Esse marxismo teórico foi um levantar de escudo contra Labiola. Do ponto de vista ideológico, parece-me importantíssimo. Até que o marxismo teórico fosse interpretado positivistamente, era em grande parte inócuo: o positivismo era a filosofia da burguesia progressista, no máximo, do reformismo (do evolucionismo). O marxismo, uma vez positivizado, podia ser considerado nada mais que um *aspecto secundário da filosofia burguesa* e, portanto, enquanto tal, podia ser facilmente digerido e neutralizado[7]. E, se o marxismo ficasse identificado com o positivismo, a superação do positivismo operada pelo idealismo teria irremediavelmente levado à superação do próprio marxismo. A tentativa de Labriola de desvincular o marxismo do positivismo havia, assim, suscitado um grande alarme. É diante desse alarme que os jovens expoentes da filosofia burguesa então em pleno

[6] À margem: "Marx é um vigoroso gênio político, um revolucionário etc. etc." e, um pouco mais adiante: "é antes um filósofo que só em um segundo momento se torna revolucionário".

[7] À margem: "O positivismo era uma filosofia burguesa: Spencer, a consideração do marxismo como positivismo própria da tendência reformista era um modo de restituir o marxismo ao contexto de uma filosofia burguesa. Ou seja: mesmo quando o marxismo foi positivismo, foi mais facilmente assimilável e digerível pelas ideologias da classe dominante".

desenvolvimento correram para se proteger, e preconizaram a desimportância do marxismo como filosofia: ou negando-o como filosofia, ou sustentando que, sim, era uma filosofia, mas uma filosofia equivocada, que denotava contradições, uma espécie de idealismo inconsciente. A história de De Ruggiero como exemplo: no capítulo "Antimetafísica e naturalismo", encontra-se também o materialismo histórico (três p.) em meio à psicologia dos povos e à filosofia de Lotze[8].

Hoje, pelo contrário, se existe alguma coisa que caracterize a segunda fase do marxismo teórico na Itália, é a consideração não apenas de sua importância, mas até mesmo de seu caráter decisivo na história da filosofia. A tese fundamental do novo marxismo é esta: Marx é um fato *decisivo na história da filosofia*. Essa tese assumiu dois, ou talvez três aspectos diversos: 1) ...[9] (Del Noce); 2) a derrubada do racionalismo (Balbo); 3) é uma filosofia nova que substitui o princípio da pessoa-trabalho pelo da pessoa abstrata, puro fim em si mesma etc. (Della Volpe). É importante então que essa orientação diversa dos estudos de filosofia marxista corresponda a uma situação histórica bem diferente, a uma relação bem diferente com as classes. O movimento operário parece hoje um fato bem mais decisivo do que poderia parecer no final do século passado, sobretudo na Itália, onde a burguesia, saída vitoriosa da guerra de independência, trilhava sua fase ascendente. Ainda não haviam chegado as duas Guerras Mundiais e o fascismo para mostrar a decadência da classe burguesa na Itália. Mas não podem ser esquecidas duas outras considerações: 1) a descoberta dos manuscritos juvenis de Marx, que são todos filo-

---

[8] De *ou negando-o* até *Lotze* está à margem no manuscrito. Cf. G. De Ruggiero, *La filosofia contemporanea. Germania – Francia – Inghilterra – America – Italia* [A filosofia contemporânea. Alemanha – França – Inglaterra – América – Itália], Bari, Laterza, 1951, p. 25-28.

[9] As reticências estão no original.

sóficos; 2) a extraordinária semelhança de situações entre aquela em que veio a se achar a nossa geração e aquela a que pertence Marx e o grupo dos seus amigos.

Nós vivemos a crise do idealismo. Podemos dizer que saímos da "crise do idealismo". Também nós, para recomeçar a filosofar, tivemos que acertar as contas com o idealismo, assim como Marx tinha acertado as contas com a filosofia de Hegel. O idealismo representou para nós o sistema completo, dentro de cujos limites fomos educados. Fomos seguidores de Croce com a mesma confiança e com a mesma presunção com que os jovens partidários de Hegel foram hegelianos. O sistema de Croce nos ofereceu não esta ou aquela solução, mas a solução, na qual estávamos tranquilos e seguros, ao abrigo de surpresas e de aventuras. Como o de Hegel, também o idealismo era uma filosofia de superação das antíteses, era uma filosofia otimista. O espírito de sistema: a realidade como um todo havia encontrado o seu lugar. Mas, depois, percebemos que as contradições eram apenas idealmente, isto é, teoricamente, superadas. E então veio a crise. Voltemos à época imediatamente seguinte à sistematização de Hegel e nos encontraremos diante da mesma sensação de crise.

A filosofia de Hegel como o último objetivo da filosofia racionalista; de adequação; a conciliação entre finito e infinito; entre espírito burguês e espírito cristão. A própria encarnação da ideia da filosofia. A realização da filosofia. Aquisição da verdade do espírito romântico. O que se entende por romantismo: unidade entre finito e infinito. Mas, depois, o encanto se quebrou: a realidade continuou a se movimentar. As contradições da sociedade. Diante dessa crise, abriram-se dois caminhos: ou aceitar a contradição, as tensões como insuperáveis... etc.; ou então, constatada a contradição, reconhecer que ela não é superável na teoria, apenas na prática, e foi o caminho daquele que disse:.....[10] Karl Marx. *Ambos os caminhos são a ruptura da espiritualidade romântica* (ver notas e, depois, afinidade com as situações do nosso tempo. Ruptura do neorromantismo: o existencialismo de um lado, como ruptura regressiva (retorno às origens); o neomarxismo como ruptura dirigida ao futuro, como filosofia da economia[11]).

Os anos de preparação filosófica de Marx são os que o levam de Hegel à concepção da filosofia da práxis. Trata-se de retraçar essa concepção. Os *Manuscritos de 1844*: história e sistema.

Juntamente com o comunismo, ele descobriu a tese do materialismo histórico e a da filosofia da práxis. Aqui está a verdadeira, a grande descoberta de Marx, a sua *decisividade*. Não na passagem da filosofia para a não filosofia, porque esta também é uma filosofia; não na passagem da filosofia para a ciência, porque permanecem elementos escatológicos; não na criação de uma filosofia, porque, ao contrário, essa descoberta assinala o final da própria filosofia de Marx. A verdadeira virada está no fato de haver pensado a história do ponto de vista do homem prático, e não mais teórico. A história como autocriação do homem. A história como história do homem finito, natural. A história não como teofania, não como teodiceia, mas como história humana. A sugestão de Vico.

Entende-se que, alcançado esse ponto, a sua tarefa não era mais teórica, mas prática. Como os outros filósofos, também ele interpretou o mundo. Mas a sua interpretação o convenceu de que é preciso mudá-lo.

---

[10] Os pontos do manuscrito correspondem a uma citação não reproduzida.

[11] De "afinidade" a "economia", o texto se encontra à margem no manuscrito.

III. ESTUDOS SOBRE A DIALÉTICA

9. SEMINÁRIO DE 27 DE ABRIL DE 1949[1]

— Não há dúvida de que hoje assistimos a um renovado interesse por Hegel. Provas: De Ruggiero; I. Ilijn (pp. 432); H. Niel (aproximadamente 400 p.); J. Hyppolite (600 p.); Kojève (600 p.); Lukács (720 p.). Acrescentar: Löwith (aproximadamente 700 p.)[2].

— A característica desses escritos é a reprodução da divisão entre *direita* (Ilijn e Niel) e *esquerda* (Kojève, Hyppolite e Lukács), enquanto o neo-hegelianismo do princípio do século — o primeiro grande retorno a Hegel — buscou evitar os extremos e situar-se no meio, a saber, [não] fazer de Hegel um teólogo

---

[1] ANB, Corredor, 152, u.a. 769. Duas folhas manuscritas das quais uma escrita frente e verso.

[2] Os livros citados são: G. De Ruggiero, *Hegel* [Hegel], Bari, Laterza, 1948; I. Ilijn, *Die Philosophie Hegels als Kontemplative Gotteslehre*, Bern, A. Francke, 1946; H. Niel, *De la médiation dans la philosophie de Hegel*, Aubier, Paris, 1945; J. Hyppolite, *Genèse et structure de la Phénoménologie de l'Esprit de Hegel*, Paris, Gallimard, 1947 (tradução parcial de P. Serini: *La dialettica e l'idea della morte in Hegel* [A dialética e a ideia da morte em Hegel], Turim, Einaudi, 1948); G. Lukács, *Der junge Hegel. Über die Beziehungen von Dialektik und Ökonomie*, Zurique-Viena, Europa Verlag, 1948; K. Löwith, *Von Hegel bis Nietzsche. Der revolutionäre Bruch im Denken des neunzehnten Jahrhunderts*, Zurique-Nova York, Europa Verlag, 1941 (trad. it.: *Da Hegel a Nietzsche* [De Hegel a Nietzsche], Turim, Einaudi, 1949). Cf. N. Bobbio, *Rassegna di studi hegeliani* [Revista de estudos hegelianos], in "Belfagor", V, 1950, p. 67-80 e 201-222, depois in Id., *Da Hobbes a Marx. Saggi di storia della filosofia* [De Hobbes a Marx. Ensaios de história da filosofia], Nápoles, Morano, 1965, p. 165-238.

ou um materialista, mas um idealista puro e simples, eventualmente corrigindo e purificando o seu idealismo (ver Croce, *Ciò che è vivo* [O que está vivo], p. 133: eliminar o dualismo de Hegel entre espírito e natureza, e então superar a divisão entre direita e esquerda; ver ainda, contra os desvios de direita e esquerda, a *Conclusão*, p. 134 e ss. A interpretação de Gentile também é uma interpretação centrista: *idealismo* contra misticismo e materialismo).

— Razões desse representar-se da fissura (depois da *conciliação* idealista): o mundo social de hoje e as suas contradições. Muitas vezes já se notou a semelhança do nosso tempo com aquele que sucedeu a Hegel: neomarxismo e neokierkegaardismo. Época de crise, de extremos opostos: a terceira via, a *Versöhnung*[3] parece anacrônica.

— O novo nesse diálogo está representado pelo novo material sobre o qual se trabalha: os escritos juvenis. Os inéditos de Hegel: as aulas da maturidade (período de Berlim), publicadas pelos alunos. Os escritos da juventude que permaneceram inéditos (o primeiro escrito publicado foi a *Differenz*, de 1801: Hegel já tinha 31 anos. E pouco ainda escreveu até a *Fenomenologia*, que é de 1806). Os três períodos: *Berna* (1793-1796)[4]; *Frankfurt* (1797-1800)[5]; *Jena* (1801-1807) (seguem-se: Bamberg, Nuremberg, Heidelberg, Berlim). Os principais inéditos: *Theologische Jugendschriften*, de Nohl (1907); *System der Sittlichkeit* (1923, em Lasson), *Jenenser Logik, Metaphysik und Naturphilosophie* (1923, Lasson [aulas de 1803-1804]; *Realphilosophie* (Hoffmeister, 1931) (aulas de 1805-1806)[6].

[3] Em alemão, "reconciliação". [N.E.]

[4] À margem: "Essencialmente *Volksreligion und Christentum*; *Leben Jesu*; *Positivitat der Christlichen Religion*".

[5] À margem: "*Entwürfe zum Geist des Judentums*; ensaios sobre o amor; *Geist des Christentums und sein Schicksal*".

[6] À margem: "ver Niel, p. 12, Lukács, p. 309 | quadros cronológicos".

— Os escritos da juventude parecem dar razão aos intérpretes de direita. Eram escritos religiosos. O primeiro foi Dilthey (1906). Fez-se um Hegel romântico e místico (Della Volpe; De Negri; De Ruggiero também)[7]. Na Alemanha: Haering (1929--1938). É a interpretação que prevalece no livro de Niel, que fala de uma intuição mística fundamental, ou seja, a unidade entre finito e infinito (da qual o místico vê a unidade imediata, e o filósofo, a mediata); o problema de Hegel é de reencontrar a totalidade do homem antes do pecado: é um problema de salvação. A ideia de mediação — que é central em Hegel — tem uma origem religiosa. E encontra a sua máxima utilização na *Fenomenologia*, na *Lógica* tem-se a *crise* da mediação; na *Enciclopédia*, o *xeque*.

— Contra a interpretação de Niel, vai a de Kojève: Hegel ateu, filósofo do finito, da história do homem como homem. E aqui surge Marx. Kojève insiste principalmente sobre um ponto: a dialética de servo e senhor. A história teve início a partir do desejo em relação com outros desejos. O que deseja o homem? Ser reconhecido como homem. Para ser reconhecido, deve lutar, isto é, deve colocar em perigo a própria vida. Porém não deve matar: mas sim subjugar o vencido para ser reconhecido. O senhor goza, e o servo trabalha. Mas o senhor é reconhecido por uma coisa. Somente o servo trabalhador será o verdadeiro homem, quando suprimir a sua servidão. Superioridade do servo sobre o senhor. A história pertence ao servo trabalhador que se liberta e torna-se cidadão (a Revolução Francesa e Napoleão).

— A interpretação de Hyppolite (intermediária): porém, coloca em destaque o interesse político, o espírito do povo, mas sem mirar o irracionalismo (o destino).

[7] À margem: "Wahl (1929) (não lembrado por Lukács, como não é lembrado Della Volpe)".

— E agora chegamos a Lukács. A tese é desmascarar a interpretação mística, irracionalista de Hegel, feita pelos intérpretes reacionários[8]. Demonstração: o interesse de Hegel pela religião não é um interesse religioso (interessar-se por religião, na Alemanha, atrasada como era, quer dizer interessar-se por política). Hegel republicano; contemplação dos ideais democráticos gregos; desprezo pelo cristianismo (a religião privada). No período de Berna, vai tudo bem: *iluminismo*, e não *romantismo*; nada de *misticismo*. Mais difícil é a interpretação do período de Frankfurt, em que há uma aproximação com o cristianismo, abandono do coletivo, a ideia do destino[9]. Lukács reconhece que se trata de crise (é a época do Diretório): o problema de Hegel nesse período é a reconciliação do indivíduo com a sociedade burguesa. Os sinais da crise. Mas aqui cai o interesse pelos problemas econômicos (A. Smith). Jena: o idealismo objetivo e o abandono de Fichte. Consciência filosófica. Nega que se possa falar de um período republicano de Hegel: diferenças profundas sobre a *contradição conciliação* e sobre a reflexão dialética (Hegel) ou intuição imediata (Schelling) (ambas coincidem no ponto negativo, isto é, na crítica do intelecto abstrato). Contra o individualismo abstrato na ética (Jacobi). Nesse período, as características são: *senso histórico* (aceitação da realidade histórica); importância da *economia* (em *System der Sittlichkeit* e no ensaio sobre direito natural) e do conceito de trabalho. O conceito de *Entäusserung*[10] surge do mundo econômico. A *Fenomenologia*.

— Revela-se a figura do Marx *verdadeiro* Hegel, isto é, do Marx que confirma Hegel. Hegel, o Batista de Marx[11]. Hegel foi

[8] À margem: "'lenda histórica (hegeliana) dos apologistas reacionários do imperialismo'".

[9] À margem: "o conceito de *amor*, mas não se trata do amor romântico".

[10] Em alemão, "alienação". [N.E.]

[11] À margem: "Não mais, portanto, as três representações típicas da relação Marx-Hegel: nem o

chamado em vida para liquidar Marx. Mas Marx foi colocado em questão para trazer Hegel de volta à vida. Justo aquele Hegel que servira para liquidar Marx é então considerado como o precursor de Marx, como aquele que não só [*não*] liquida Marx, mas, antes, o prepara, o antecipa? Pode-se compreender a coisa por duas razões: 1) o Hegel que servia para liquidar Marx era um Hegel completamente idealista, ou pior, reacionário etc.; 2) o Marx que era liquidado por Hegel era um Marx positivista, positivizado. Hoje com um Marx não mais positivizado, mas dialético, é natural que se opere uma reaproximação. Trata-se de ver se isso é um bem ou um mal para o destino do marxismo. Eu penso que seja um mal. Marxismo escatológico. Impaciência também nos ortodoxos. Heresias significativas. A questão Aleksandrov[12].

---

mal-entendido (Gentile), nem a derrubada (os marxistas), nem a indiferença (Croce)".

[12] Referência à discussão sobre a *Storia della filosofia dell'Europa occidentale* (*História da filosofia da Europa ocidental*), de G. F. Aleksandrov, criticado duramente em junho de 1947 por A. A. Jdanov em uma conferência de filósofos soviéticos, organizada pelo Comitê Central do Partido Comunista, também acerca da relação Hegel-Marx.

10. SIGNIFICADOS DE DIALÉTICA[1]

— Uma concepção da realidade (sobretudo histórica), segundo a qual a evolução do real acontece por sucessivas negações. O que exclui o processo linear por integrações sucessivas. E exclui também o processo por passagem da afirmação à negação (estado de natureza, estado civil). O processo dialético implica ao menos três fases: termina com a negação da negação. O negativo não está no início, mas no meio. Ponte;

— Uma concepção da revalorização do *negativo* (como *valor*) na história (ver Hegel, Lógica § 81; e Marx, a crítica a Proudhon de que desejava eliminar o lado mau) (ver sobre a *negatividade*, Kojève[2], p. 71).

— A concepção da história como *história de lutas* (independentemente do valor de um ou de outro: a luta como *valor*) (o antagonismo como motor do progresso) (ver Croce, Marx, Hegel).

---

[1] ANB, Corredor, 152, u.a. 769. Transcrevem-se a frente das duas primeiras páginas de quinze manuscritos frente-verso, não datados, contendo excertos sobre a dialética das obras de Marx e Engels, da sua correspondência e da *Ciò che è vivo e ciò che è morto della filosofia di Hegel* [O que está vivo e o que está morto da filosofia de Hegel], de B. Croce.

[2] As páginas de Kojève se referem à tradução parcial de P. Serini da "Introduction à la lecture de Hegel" ["Introdução à leitura de Hegel"] (*La dialettica e l'idea della morte in Hegel* [A dialética e a ideia da morte em Hegel], Turim, Einaudi, 1948).

— Uma solução viril dos contrastes não abstratamente intelectualista, nem otimista nem pessimista (ver, por exemplo, Croce, p. 48 *in fine*).

— Uma concepção da historicidade da verdade (historicismo): para a qual nenhuma verdade é definitiva (ver Kojève: a antiga dialética socrático-platônica como pesquisa da verdade pelo diálogo que funda a verdadeira ciência contra a opinião, p. 49-50: mas, para Platão, o método dialético é o único que conduz a uma síntese definitiva).

— Uma teoria da verdade como *superação* (*aufheben*[3], no sentido de remover, superar, eliminar: Kojève, p. 50).

— Uma crítica do intelecto abstrato (o primeiro momento da lógica, segundo Hegel: Kojève, p. 68).

— Uma teoria da ação recíproca (por exemplo, entre o homem e a natureza, entre o homem e os outros homens etc.).

— Significa também relações de *mediação*?

---

[3] Termo da filosofia alemã tradicionalmente traduzido para o português como "suprassumir" ou "suprassunção".

11. INTERVENÇÃO SOBRE A *DIALÉTICA* NA CONFERÊNCIA DE MILÃO[1]

Não se pode dizer se é aceita ou não a dialética em geral. Trata-se de uma argumentação da qual nos servimos algumas vezes, e outras não. O problema é estudar melhor esse tipo de argumentação e não fazer dela uma lei fatal da realidade, ou privilegiá-la, entre todos os possíveis tipos de argumentação. Ninguém pode dizer: eu raciocino dialeticamente. Mas todos podemos dizer: utilizo o raciocínio dialético conforme o caso. Em quais casos? Eis o ponto.

Exemplos em que usamos o argumento dialético: a luta de classes (sem por isso fazer da luta de classes uma lei da história), tanto é verdade que olhamos com respeito o interclassismo; a alternativa dos partidos, tanto é verdade que olhamos com respeito o centrismo; a competição pacífica entre dois blocos como necessária ao desenvolvimento do progresso; o diálogo entre Oriente e Ocidente, e assim por diante. Em todos esses casos, tendemos

---

[1] ANB, Stanza Corridoio, 152, u.a. 769. Sob o título, entre parênteses: "7-8.12-1958". Frente e verso de uma folha manuscrita timbrada: Casa Editrice Chiantore, "Città del sole" ["Cidade do sol"]. Coleção de escritos políticos. O Diretor. A data se refere à sétima conferência dos filósofos neoiluministas, ocorrida em Milão, em dezembro de 1958, dedicada ao *futuro da dialética*.

a manter a antítese, e consideramos rejeitável qualquer solução que tenda a fazer o contrário. Por que não se pode dizer que essa é uma atitude dialética?

O mesmo ocorre na discussão das teorias (como já indicou Geymonat). Quantas vezes, diante de temas opostos, em vez de eliminar um ou outro, procuramos uma síntese? Exemplos da teoria normativa e da teoria institucional do direito. Assim ocorre com os conceitos: exemplo, caro a Calogero, da dialética entre justiça e liberdade.

Outro problema é se amo o argumento dialético. A mim agrada pouco. E isso depende da superioridade que eu atribuo à análise, muito mais do que à síntese. Estamos cansados de sínteses. Exemplos de procedimentos sintéticos a respeito da definição do problema e de procedimentos analíticos. Análise e dialética pouco se entendem. O que não impede que, em certos casos, quando devo agir, a síntese me seja mais útil que a análise. Exemplo dos cinquenta socialismos (que me paralisariam) e da comparação entre dois socialismos, dos quais faço a síntese.

Quanto ao futuro da dialética, trata-se de uma maneira de argumentar da qual todos se utilizam e da qual todos sempre se vêm utilizando, é um problema mal colocado. Poderíamos muito bem estar nos perguntando qual é o futuro do princípio de contradição e do terceiro excluído. A única coisa que interessa ao futuro é o futuro não da dialética, mas dos estudos sobre a dialética.

IV. O MARXISMO E O ESTADO

12. MARX E O ESTADO[1]

Este seminário sobre "Marx e o Estado" toma como ponto de partida o livro: Nicos Poulantzas, *Pouvoir politique et classes sociales*, Paris, Maspero, 1968, p. 398, que é a reconstituição mais completa e mais documentada que eu conheço da teoria política do marxismo (de Marx a Lênin, antes, a Gramsci)[2].

Para a reunião de trechos relativos ao Estado e à política nas obras de Marx e de Engels, vali-me de duas obras também recentes, de caráter predominantemente expositivo:

Mario G. Losano, *La teoria di Marx ed Engels sul diritto e sullo stato* [A teoria de Marx e Engels sobre o Direito e sobre o Estado], Turim, Cooperativa Libraria Universitaria, 1969 (em fascículos);

Luciano Gruppi, *Socialismo e democrazia. La teoria marxista dello Stato* [Socialismo e democracia. A teoria marxista do Estado], Milão, Edição do *Calendario del Popolo* [Diário do Povo],

---

[1] ANB, Corredor, 152, u.a. 769. Uma folha datilografada, datável de 1969. A esse seminário se relacionam os dois textos seguintes (13 e 14).

[2] Sobre o interesse de Bobbio pelos estudos de Nicos Poulantzas (1936-79) e, em particular, pelo ensaio *Pouvoir politique et classes sociales de l'état capitaliste* [Poder político e classes sociais da era capitalista], Paris, Maspero, 1968, amplamente discutido no texto 14, seguinte, veem-se numerosas referências em N. Bobbio, *Né con Marx né contro Marx*, organização de C. Violi, Roma, Editori Riuniti, 1997, e, em particular, a nota na p. 183.

1969 (essa obra está saindo em fascículos no *Calendario del Popolo*, e ainda não terminou, mas a parte que diz respeito a Marx e Engels já saiu).

Uma bibliografia sobre o marxismo e o Estado encontra-se em apêndice aos fascículos de Losano, citados, aos quais faço remissão.

O seminário é dividido em três partes:

1. *O momento negativo da teoria marxiana do Estado*. A crítica da concepção racionalista do Estado. O Estado, na tradição jusnaturalista, de Hobbes a Hegel. Os três níveis críticos sobre os quais se pode organizar a polêmica de Marx: crítica filosófica (contra Hegel); crítica ideológica (contra a ideologia do Estado burguês); crítica política e histórica (contra o Estado representativo).

2. *O momento positivo da teoria marxiana do Estado*. As características fundamentais do Estado segundo Marx podem ser resumidas desenvolvendo estas três relações essenciais: a) sociedade civil-Estado; b) Estado-classes sociais; c) Estado-força.

3. *A teoria do Estado de Marx na reconstituição de Poulantzas*. Em particular sobre a relação complexa entre modos de produção e os diversos níveis ou instâncias que o compõem. Diferente colocação do nível político nos diferentes modos de produção. Função do Estado em geral e modalidade dessa função nas diversas formações sociais. Brevemente, sobre as características específicas do Estado capitalista.

13. TEMAS MARXIANOS SOBRE O ESTADO[1]

1. Sociedade civil – Estado. Inversão. O caminho inverso de Hegel. Das formas inferiores às formas superiores do Espírito (Hegel). Das formas aparentes às formas reais (evolução das formas superiores: sociedades sacerdotais, sociedades racionais; das formas institucionais: sociedades militares, sociedades industriais; das formas econômico-sociais: sociedade capitalista, sociedade socialista).

2. Propriedade privada e Estado.

3. O estado não é um produto da vontade, mas de relações objetivas.

4. O poder deriva das relações de produção (mas então não existe um poder político distinto do poder econômico? O poder já está implícito em determinados tipos de relação de produção? Mas justamente essa posição é negada por Lênin).

[1] ANB, Corredor, 152, u.a. 769. Oito folhas manuscritas frente e verso, datáveis de 1969, das quais quatro numeradas.

5. O Estado como ditadura (ditadura do proletariado).

6. Estado e classe.

7. O desaparecimento do Estado.

Ver Gruppi[2], p. 14: trecho de Engels, em que se distingue o domínio econômico do *político* ("*também* politicamente dominante"). Gruppi fala do Estado como termo de ligação entre poder econômico e poder político. Diferente do trecho de Engels em que se fala do Estado que emana da sociedade, mas se coloca acima dela.

Gruppi:

114-115 Crítica marxiana do Estado hegeliano. Início da virada [a racionalidade do Estado depende do fato de que Hegel faz do estado uma hipóstase, e não parte da realidade para compreendê-lo].

117 Não é o monarca que possui a soberania, mas a soberania que se encarna no monarca.

119 Hegel parte do Estado; a democracia, do homem.

122 Explica a inversão de sujeito e predicado operada por Marx em oposição a Hegel.

124 Contraste entre a história *especulativa* de Hegel e a *empírica* de Marx.

[2] L. Gruppi, *Socialismo e democrazia. La teoria marxista dello Stato* [Socialismo e democracia. A teoria marxista do Estado], Milão, Edizioni del Calendario del Popolo, 1969 (o livro contém uma ampla coleção comentada dos trechos de Marx e de Engels sobre o argumento).

128 ss. O motivo marxiano do concreto-abstrato-concreto, contra o empirismo e o idealismo.

136 ss. Diferença entre sociedade feudal, em que poder econômico e poder político coincidem, e sociedade burguesa, em que estão formalmente separados, na medida em que, no poder político e estatal, se cria a ilusão de que todos têm poderes iguais [pretende-se resolver o problema da igualdade e da liberdade em nível político: mas este depende da separação arbitrária entre política e economia]. Os trechos da *Questão judaica* são decisivos: herança da Revolução Francesa. 141 Diferença entre mistificação de Hegel, que é a hipostatização do Estado, e da burguesa, que é a separação entre Estado e sociedade civil. Hegel *idealiza* o existente; a teoria burguesa criticada por Marx a *falsifica*, atribuindo à esfera política uma autonomia que não tem.

170 Ideologia alemã. Diferença entre *ordem* e *classe*. O Estado se identifica com o interesse de classe onde se formou uma classe dominante (por exemplo, na sociedade burguesa).

174 Na *Miséria da filosofia* acena com o desaparecimento do Estado. Ainda não aparece o problema da fase transitória.

182 A centralização política como efeito da obra da burguesia (do *Manifesto*); fala de redução de províncias diversas a uma *só nação*.

200 O poder político no *Manifesto*: a conquista do *poder*. Marx fala de *conquista da democracia*.

203 O desaparecimento do Estado.

206 As lutas na França: o Estado como *comitê* que administra os negócios habituais de toda a burguesia.

212 O Estado, com Luís Bonaparte, parece ter tornado independente. Bonaparte como representante dos pequenos proprietários camponeses.

213 *Ditadura do proletariado* (pela primeira vez; comentário de Gruppi, p. 214), e então na carta a Weydemeyer de 1852, p. 215.

219 Caráter puramente repressivo do Estado (ver "Mensagem inaugural" da Internacional, "O Partido e a Internacional", 175). Aqui Marx descreve o Estado centralizado contra o qual se eleva o Estado da Comuna. Aqui também Marx elenca os instrumentos do poder: exército permanente, burocracia, polícia, clero e magistratura [fica de fora a classe política de fato: talvez a mencione ao falar de "comitê"] [procurar esclarecer a distinção entre o Estado como aparato executivo e o Estado como aparato decisório: se o Estado é um aparato executivo, a quem pertence o poder decisório?] [a expressão "máquina" faz pensar apenas no aparato executivo].

229 Introdução de Engels (1891)[3]. Muito *importante*, em que aparece o conceito de Estado, que, de servidor da sociedade, transforma-se em patrão[4]. Fala dos políticos "como uma seção da nação... separada e 'poderosa'" (especialmente na América). Fala de emancipação do Estado em relação à sociedade da qual, na origem, estava destinado a não ser mais do

[3] F. Engels, "Introdução", de 1891, a *A Guerra Civil em França*, de Marx (1871).

[4] À margem: "também na *Origem família*, op. cit. por Poulantzas, p. 48". (Provável referência a *A origem da família, da propriedade privada e do Estado*, de Engels. [N.E.])

que um instrumento. Bandos de especuladores que usufruem do poder em proveito próprio: que dominam e saqueiam a nação. Contra essa degeneração, a Comuna. [Aqui a perspectiva sobre o Estado é completamente diferente. Não o Estado a serviço de uma classe; mas o Estado como poder supraordenado — do qual a classe dirigente, a classe política, se serve. Na "Introdução" de Engels, a Comuna não é tanto a ditadura do proletariado contra a ditadura da burguesia quanto o Estado democratizado, descentralizado etc. contra o Estado centralizado, burocrático etc. Mas, no mesmo trecho, Engels fala de ditadura de classe, retoma a costumeira definição do Estado como máquina para a opressão etc., diz que a Comuna foi a ditadura do proletariado.

231 Não parece ter importância a contradição entre a concepção do Estado *patrão* e a do Estado *máquina*. Ver o comentário de Gruppi, 231, que se limita a notar que o Estado é, sim, uma máquina etc., mas *tende* a se sobrepor à sociedade, 231].

234 *O programa de Gotha*: explicação da ditadura do proletariado, como *primeira fase* da sociedade comunista.

241 *Anti-Dühring*: aqui é importante a previsão da transformação do Estado capitalista em Estado dirigista (mas sempre classista), que Gruppi interpreta como uma polêmica antecipada contra a teoria da revolução dos *managers* etc. O Estado "capitalista coletivo", afirma Engels (245).

247 A extinção do Estado; 249 (uma das mais amplas definições de Estado da teoria marxista). Administração das coisas e salto do reino da necessidade ao da liberdade.

251 Diferença com os anarquistas (252): não destruir o Estado para destruir o capital, mas o contrário.

*

Temas para uma discussão

1. *Contra quem* se coloca a teoria marxiana do Estado. Em nível *filosófico*, contra Hegel (ou metodológico). Em nível ideológico, contra a teoria democrática do Estado universal. Em nível político, contra o Estado burguês-capitalista (contra [*o qual*], a Comuna). Em I, descobre que o Estado é um *posterius*[5] em relação à sociedade, não é razão, mas força[6] etc. Em II, que o estado é *parcial*, instrumento de classe etc. Em III, que o Estado é a verdadeira dissolução do problema, não é um outro tipo de Estado, mas a extinção do Estado.

2. *Aporias:*

a) Estado comitê – Estado aparato
b) Estado instrumento – Estado patrão

Repetimos as análises do tema marxiano do Estado em três níveis:

a) *filosófico*. Crítica da racionalidade do Estado e da superioridade do Estado sobre a sociedade civil. Tese: o Estado é a expressão da sociedade civil.

b) *ideológico*. Crítica da pretensão universalista do Estado acima das classes. Tese: o Estado é instrumento de classe.

---

[5] Em latim, "posterior". [N.E.]

[6] Ao pé da página: "Contra a teoria voluntarista do Estado [mas isto poderia já estar em Hegel, para quem o Estado não é o produto da vontade racional, mas do espírito *objetivo*]".

c) *político*. Crítica daquele particular Estado de classe que é a ditadura burguesa. Tese: a ditadura burguesa se *deve* (aqui se passa do juízo de fato à prescrição, do ser ao dever ser) substituir pela do proletariado.

Sob *a*: A aporia principal é a que surge da tese marxiana do bonapartismo e da tese engelsiana da "Introdução" de 1891, para a qual parece que a sociedade política é alguma coisa de diferente e de separado da sociedade civil.

Sob *b*: A aporia é a que diz respeito à identificação da autoridade do Estado. O Estado é comitê ou aparelho de classe? O problema da classe política.

Sob *c*: Trata-se de determinar em que consiste a ditadura do proletariado. Aqui as únicas indicações são as que vêm da *Comuna* de Paris.

Sobre o livro de Korsh sobre Marx[7]

Não o achei tão profundo como se diz. Insiste na importância da sociedade civil de Hegel para Marx. Mas não vai muito a fundo. Contraposição simplista entre ciência burguesa e marxismo. Apenas o marxismo é científico porque se baseia na análise de uma sociedade específica (a burguesa), e não pretende ter valor universal. Disso deriva seu caráter revolucionário, na medida em que transcende a sociedade burguesa. Korsch insiste no valor *empírico* da ciência marxiana (entende-se que escreve para um público americano). Uma das razões de seu empirismo está em ter contestado a teoria da *evolução*.

Meus encontros com Marx ocorreram em momentos cruciais de minha vida. Antifascismo militante (Pádua, 1941-1942);

7 K. Korsch, *Karl Marx*, introdução de G. Bedeschi, trad. it. de A. Illuminati, Bari, Laterza, 1969.

problemas da reconstrução (1945-1950); crise universitária (1968-...), que coincidiu com a retomada dos meus estudos sobre Gramsci e Mondolfo. Sempre fui fascinado, nunca convencido. Os três planos sobre os quais se situa meu encontro com Marx. *Filosófico*: a filosofia da história de Marx é otimista; a sociedade sem classes, vislumbrada a curto prazo. A ditadura do proletariado, e, depois, é isso (na verdade, essa simplificação é mais de Engels e de Lênin). Essa visão da história me parece simplista e superficial – desmentida pela história etc. *Científico*: que Marx tenha dado contribuições decisivas para o desenvolvimento das ciências sociais, não há dúvida. Mas se tratam de contribuições, e não, como pretendem os marxistas convictos, como Della Volpe, Korsch, Lukács etc., a descoberta da ciência da sociedade. Quais são as novidades metodológicas de Marx? A abstração determinada, a totalidade, a dialética. A sociologia de Marx, como sociologia *crítica*, como *crítica* do que existe. Crítica da crítica. *Político*: a história avança por revoluções, necessidade da revolução, crítica do evolucionismo e do reformismo. A revolução socialista como ato resolutivo. Nada daquilo que Marx previu aconteceu (a ciência assim chamada burguesa fez previsões muito mais justas sobre a degeneração da revolução soviética do que o marxismo sobre a crise da sociedade capitalista etc.).

*

No momento em que a nossa geração, que passou pelo inferno, poderia transmitir sua própria experiência à nova, aconteceu a ruptura. E, assim, a transmissão foi interrompida. Recomeçou-se do início; é fácil prever que se cometerão os mesmos erros. Começa-se a perceber que a cisão de 1921 foi um erro das esquerdas que custou caro. Mas essa consciência histórica não serve para absolutamente nada. Hoje estamos de novo em cisão. Os verdadeiros inimigos dos comunistas eram então os socialistas, não a direita; agora, o verdadeiro inimigo da nova esquerda não são então os democratas-cristãos (a direita de hoje), mas os comunistas. Não é uma passagem da teoria à prática! A passagem real é das próprias aspirações, dos próprios impulsos emotivos, à prática (Estou cada vez mais convencido de que agora, como então, a nova esquerda trabalha, sem querer, entende-se (verdadeira heterogênese dos fins), para a grande reação).

(1-6-69)

Tornou-se um dos temas recorrentes de minhas reflexões sobre a situação atual: a nova esquerda trabalha para a grande reação. Se, nas décadas de 1920 e 1930, o medo da *sovietização* produziu Hitler, na década de 1970 o medo da *maoização* produzirá um Hitler ainda mais assustador. Hoje, os que detêm o poder são mais fortes. Não se deixam por certo enganar. Serão implacáveis. Os seis milhões de judeus mortos por Hitler não serão nada, comparados aos 20 milhões de negros, aos 30 milhões — arrisco os números ao acaso — de povos "de cor".

Os três níveis

De Marx se extrai que sempre é preciso distinguir três níveis: a) estrutural; b) institucional; c) ideológico (Marx sempre colocou b e c juntos, porque centrou sua atenção na diferença entre estrutura e superestrutura. Mas a confusão entre b e c acabou virando um obstáculo. Gramsci enxerga a distinção entre b e c de modo mais claro e estabelece a distinção entre sociedade civil e política, entre hegemonia e ditadura). A divisão entre esses três níveis é importante por mais motivos, sobretudo hoje, quando o poder ideológico se tornou um verdadeiro terceiro poder, além do econômico e do político. Também do ponto de vista crítico é importante: começa-se a desmascarar a ideologia (isso é típico do iluminismo contra o obscurantismo dos padres); depois, as instituições (por exemplo, o reformismo); mas somente Marx chega à estrutura (o anarquismo também acredita resolver o problema social eliminando a instituição Estado). [Marx colocou muita coisa na superestrutura: colocou tudo aquilo que não se encaixava na estrutura. Mas é preciso analisar os vários ingredientes.]

14. TRÊS LIÇÕES SOBRE MARX E O ESTADO[1]

Avant-propos

Considero estas lições como um prolongamento da discussão sobre Hegel e daquela sobre Gramsci. Está claro que entre Hegel e Gramsci está Marx (e Lênin, que, por ora, omito para não colocar muita lenha na fogueira). Interessa-me a história da *ruptura* que houve com Marx na filosofia da história. Por trás dessa ruptura — esse é o meu tema —, há uma reviravolta, uma *mudança de direção* da filosofia da história (íamos *direto*, como em uma autoestrada em que não é possível voltar atrás. É preciso mudar de caminho. Enquanto estávamos naquela estrada, não era mais possível voltar atrás. Para voltar atrás *seria preciso ir até o fim*). (As metáforas também são o "espelho dos tempos").

Interesse da teoria de Marx sobre o Estado para a ciência política: a) não é uma teoria idealizada do Estado, uma teoria

---

[1] ANB, Corredor, 152, u.a. 768; o título final é nosso. São 30 páginas numeradas (mais dois *Avant-propos* numerados separadamente), manuscritas no verso de provas tipográficas preparadas provavelmente em 1969.

normativa do Estado, mas, antes, o desmascaramento de qualquer idealização do Estado; b) tampouco é uma abordagem jurídico-institucional, mas histórico-sociológica; antes, é ou pressupõe uma *crítica do direito*, é o resultado de uma crítica do direito (apenas insinuada).

É, portanto, uma observação *realista* do Estado no duplo sentido de que não é idealista e não ideológica.

Embora Marx jamais se tenha ocupado diretamente do Estado, o Estado é um momento fundamental do marxismo. O campo em que age é a *luta de classe*, isto é, o motor da história. O Estado não gera a luta de classe, mas a perpetua. Tão importante o Estado quanto é relevante, na concepção marxiana do Estado, a luta de classes.

Três lições sobre Marx e o Estado

I

(9-10 de junho)

Há uma filosofia da história do jusnaturalismo que Marx derruba. O que entendo por filosofia da história: "interpretação da direção da história, do momento histórico". A filosofia da história do jusnaturalismo é caracterizada pela interpretação do movimento histórico como movimento que vai da sociedade ao Estado, isto é, de uma forma imperfeita, extremamente perigosa, de vida social, a uma forma perfeita, que é precisamente o Estado — em que se realiza o homem *racional* (o homem racional tende ao Estado; o Estado é a forma racional da vida social; o homem racional se realiza apenas no Estado etc.)[2]. A famosa passagem de Hobbes,

[2] À margem: "o estado como *societas perfecta*".

Locke, Rousseau. Hegel: p. 397 do meu ensaio "Hegel ou do elogio fúnebre do estado"[3].

O que aconteceu? Por que o *estado* seria a razão? Difícil apontar razões plausíveis. *O estado é a igreja*: executa as funções da igreja. O iluminismo e o despotismo *iluminado* (*O que é Esclarecimento?*, de Kant, em que faz o elogio a Frederico II, p. 143).

Trata-se ainda de identificar o momento em que o homem realiza plenamente a si mesmo, realiza a própria *natureza*, cumpre a própria *vocação*. Se o homem é ser *racional*, onde está o momento da razão na história? Trata-se ainda de uma questão debatida em nível superestrutural. Somente com a economia política do século XVIII, a racionalidade do homem achou-se em um nível mais baixo, ao nível das relações econômicas, desde que livres das sobreposições históricas etc.

Em todo o caso, o primado do político sobre o econômico (a ciência econômica ainda não havia sido descoberta), do *político-jurídico*, mais exatamente. A análise da *política*, do Estado, era antiga. A estrutura portadora da sociedade como um todo era o Estado. A estrutura econômica ainda não havia sido individualizada. O Estado como solução *laica* do problema da história. Início de uma história *profana*: a libertação no Estado. Pode-se buscar as razões de tal primado do político em razões *históricas* (luta contra a igreja) (atraso da ciência econômica) (sobretudo indiferenciação do poder econômico e do poder político na sociedade feudal[4], e, portanto, considerações do poder político como poder por excelência: identidade de *dominium* e *imperium*, até a *ficção* do Estado patrimonial)

---

[3] Cf. N. Bobbio, "Hegel e il giusnaturalismo" ["Hegel e o jusnaturalismo"], in *Rivista di filosofia*, LVII, outubro-dezembro de 1966, 4, p. 379-407: "Hegel, que pensava ter composto um hino de vitória em homenagem ao Estado, não teria, por acaso, escrito, sem sabê-lo, seu elogio fúnebre?" (p. 406). À margem: "Os jovens hegelianos: ver Losano, p. 35". Aqui, e sucessivamente: M. G. Losano, *La teoria di Marx ed Engels sul diritto e sullo stato*, Turim, Cooperativa Libraria Universitaria, 1969 (fascículos).

[4] À margem: "essa também era a ideia de Marx (passagens citadas por Poulantzas, 27-28) <*seguem-se duas palavras incompreensíveis*>".

e *ideológicas* (difícil de se estabelecer) (para Poulantzas tratava-se de mascarar quem eram os verdadeiros patrões).

Diversos modelos da relação sociedade-Estado em que o Estado é o elemento primário: *eliminação* (Hobbes), *aperfeiçoamento* afirmação (Locke), *superação* (Hegel).

[passagem da filosofia da história à ideologia]

Três características do Estado na *ideologia política* do jusnaturalismo enquanto *eliminação* ou *regulação* ou *superação do estado de natureza*.

a) o Estado é a estrutura portadora: *superioridade* do Estado

b) o Estado é a expressão do *bem comum*: *universalidade* ou *imparcialidade* do Estado

c) o Estado é baseado no *consenso* (a vontade geral)

Marx, ou da derrubada dessa tradição: o Estado não é, de modo algum, a eliminação do estado de natureza, mas um prolongamento dele. A história humana não saiu do estado de natureza. A luta de classe como historicização do estado de natureza (mas também Saint-Simon, citado por mim em "Hegel e o jusnaturalismo", p. 405).

A crítica de Marx contra as teorias anteriores se dispunha em três níveis:

a) filosófico

b) ideológico

c) político

a) contra Hegel

Crítica da filosofia do direito de Hegel

b) contra a teoria do Estado liberal burguês saído da Revolução Francesa

(A questão judaica)

c) contra o Estado representativo (parlamentar)

(nas obras mais propriamente políticas)

Contra Hegel (1842)

Hegel hipostasiou o Estado; fez do Estado a manifestação da Ideia, não o produto de forças históricas reais.

Inversões operadas por Hegel de sujeito e predicado, de realidade e sua essência; a realidade torna-se uma manifestação da essência, em vez de ser a essência uma manifestação da realidade. Exemplo tirado da *Sagrada família*: o fruto e a pera. O procedimento científico é: "a pera é um fruto". O procedimento idealista: "O fruto é a essência da pera". Hipostatização do *fruto* em essência. Assim, para a relação entre Estado e soberania: ver *Opere filosofiche giovanili*[5], 34-35; p. 36.

Nesse procedimento metodológico, acontece a inversão entre Estado (ideia) e sociedade civil (realidade). Não é necessário partir do Estado, mas da sociedade civil.

Contra a teoria liberal-burguesa:

A ideologia do Estado burguês é a do Estado de iguais, isto é, de todos os membros da sociedade iguais perante o Estado ou no Estado. Todos são cidadãos. p. 141 de Gruppi[6]. Na verdade, essa afirmação de igualdade é falsa, porque permanece a desigualdade econômica, isto é, a diferença entre quem não possui e quem possui. A mistificação consiste em separar a sociedade política da civil, fazer da sociedade política a verdadeira sociedade e rebaixar a sociedade civil — em que se formam as desigualdades — a mero acidente.

Diferença entre a crítica filosófica a Hegel e a crítica ideológica à teoria do Estado burguês. Em Hegel, critica o modo de

---

[5] K. Marx, *Opere filosofiche giovanili* [Obras filosóficas da juventude], trad. it. de G. Della Volpe, Roma, Editori Riuniti, 1963.

[6] L. Gruppi, *Socialismo e democrazia. La teoria marxista dello Stato* [Socialismo e democracia. A teoria marxista do Estado], Milão, Edizioni del Calendario del Popolo, 1969.

colocar o problema do Estado. Aqui, critica um determinado conceito de Estado. Hegel idealiza o existente[7], a teoria burguesa o mistifica e o apresenta diferente daquilo que é. Hegel pretende definir o que o Estado deveria ser; a teoria burguesa se apresenta como a teoria do Estado que é.

Crítica histórico-política:

A crítica política é distinta da crítica ideológica na medida em que não é mais a crítica da ideologia do Estado burguês, mas do próprio Estado burguês, assim como é, não como se apresenta.

O Estado burguês — assim como é — é a organização política da classe burguesa. Aqui Marx atinge o centro de sua concepção de Estado. Essa inspiração também é antiga. Veja-se o trecho do artigo sobre furtos de madeira (1842), Losano, 29 e 30. E a passagem do *Manifesto*: *Opere* [Obras][8], 294, depois repetida nas *Lutas em França* (*A Guerra Civil na França*, 1871, *Opere*, p. 906).

Aqui se pode observar a diferença entre *comitê* e *aparelho*.

II

A esta altura, somos capazes de fixar algumas características fundamentais do estado em Marx que podem ser consideradas a antítese daquelas das tradições jusnaturalísticas (e de Hegel). E aqui voltaremos ao começo (p. 3)[9].

---

[7] À margem: "'Não é de se censurar Hegel por descrever o ser do Estado moderno tal qual é, mas por pôr em circulação aquilo que é como a essência do Estado' (*Critica della filosofia hegeliana del diritto*, p. 90, ediç. 1950)".

[8] Aqui e sucessivamente: K. Marx E F. Engels, *Opere scelte* [Obras escolhidas], organização de L. Gruppi, Roma, Editori Riuniti, 1966.

[9] Refere-se à p. 3 do manuscrito: veja-se na página 142 o trecho que inicia com: "Três características do estado na *ideologia política* do jusnaturalismo enquanto *eliminação* ou *regulação* ou *superação do estado de natureza*".

a) O Estado não é a estrutura portadora, mas a estrutura *portada*. O Estado pertence à superestrutura. Trechos:

1) *Manuscritos econômico-filosóficos* (minha edição, p. 112: *Obras*, p. 131)

Sagrada família: (Losano, 66) "apenas a superstição política etc.", que encontra correspondência no trecho de Engels:

3) "O Estado não condiciona e nem regula a sociedade civil, mas a sociedade civil condiciona e regula o Estado" (*Para a história da Liga dos Comunistas*, 1885)

(*O Partido e a Internacional*, p. 17)[10]

2)[11] Prefácio a *Para a crítica da economia política*

Obras: 746-747

b) o Estado não é universal, mas particularista, ou seja, é a expressão de interesses de classe. Trechos:

a ditadura do proletariado

(*Lutas de classe em França*, *Opere*, p. 463)

c) o Estado não está fundado no consenso, em primeiro lugar porque não é o produto da vontade humana, mas de condições objetivas. O Estado é força, coerção, organizada. O Estado é *ditadura*:

o Estado "violência concentrada e organizada da sociedade"

(*O capital*, I, 3, 210)[12]

Para a crítica da concepção voluntarista da sociedade, *A ideologia alemã*[13], 324-325.

---

[10] K. Marx e F. Engels, *Il Partito e l'Internazionale* [O Partido e a Internacional], trad. it. de P. Togliatti, Roma, Edizioni Rinascita, 1948.

[11] Os tópicos estão fora de ordem numérica no manuscrito original. [N.E.]

[12] K. Marx, *Il Capitale* [O Capital], 1.I, III, trad. it. de D. Cantimori, Roma, Edizioni Rinascita, 1952.

[13] K. Marx e F. Engels, *L'ideologia tedesca* [A ideologia alemã], trad. de F. Codino, Roma, Editori Riuniti, 1958.

O Estado não como eliminação do estado de natureza, mas como a sua continuação. De uma ditadura a outra.

Entende-se que, se o Estado é isso, a história não pode terminar com o Estado, mas com o fim do Estado. O problema da extinção do Estado. Trechos:

Miséria da filosofia, Losano, 92, *Opere*, 313-314

Observações à lição I

Uma observação inteligente de Ancarani[14] em relação ao problema de Marx, jovem ou não — é que é um tanto estéril ou pouco produtivo abarcar o Marx maduro —, que faz análises muito ricas e articuladas dos fenômenos políticos — nos esquemas do Marx jovem —, mesmo que sobretudo na juventude Marx se debruçasse sobre o Estado e a política. Em suma, a preferência do jovem Marx se resolve em um empobrecimento de Marx, porque o encerra em esquemas pré-fabricados antes da análise histórica e econômica concreta.

Avant-propos

Observações preliminares

a) livro[15] difícil, abstruso, sofisticado, que, no final, não entrega aquilo que promete[16]

---

[14] Vittorio Ancarani, que seria docente de Sociologia da Ciência na Universidade de Turim, na época desenvolvia uma especialização de pós-graduação na Faculdade de Ciências Políticas.

[15] N. Poulantzas, *Pouvoir politique et classes sociales de l'état capitaliste*, Paris, Maspero, 1968.

[16] À margem: "palavras nebulosas, nem sempre explicadas, como '*structure*'".

b) na busca da interpretação *autêntica* de Marx: preocupa-se em conferir as suas teses com as verdadeiras ou presumidas de Marx, nunca com a realidade

c) provincianismo da cultura francesa, que nunca se ocupou de Marx e que descobre Marx por Levy-Strauss (tem-se a impressão de que existe uma briga em família, e que as maiores acusações recaem sobre Sartre, sem que jamais seja nomeado)

d) o interesse do livro está, além do mais, no fato de que tenta uma teoria política geral, ainda que o livro seja dedicado à análise do Estado capitalista

e) leva em conta, mesmo que para livrar-se com um certo fastio, as teorias políticas não marxistas de Max Weber a Parsons, da teoria da elite até Dahl, Easton etc.

f) o livro descarta as obras juvenis, leva em consideração *O Capital* (para as linhas gerais) e em particular as obras históricas: *As lutas de classe* e *O 18 de brumário* (Trata-se de um comentário a essas 200 p. de Marx, das quais até as vírgulas são analisadas) (Poulantzas inclui também Lênin e Gramsci)

III

Preliminares:

Poulantzas deriva de Althusser. Interpretação anti-humanista de Marx. Poulantzas fala de *anti-historicismo*. Mas historicismo é expressão enganosa (pode-se explicar no contexto da cultura francesa, em que jamais existiu tradição historicista). O que se entende por historicismo: a realidade *histórica*, isto é, *processo*, inovativo, que cria a si mesmo (contra naturalismo, imanentismo). Não vejo em que sentido a interpretação de Marx de tipo althusseriana, que fala de estruturas, seja anti-historicista: é anti-humanista, mas, em relação ao historicismo, é uma aproximação. Eu a chamaria mais de concepção *objetivista* da história, porquanto em Poulantzas jamais se encontra mencionada a contraposição entre condições objetivas e consciência ou momentos subjetivos. O marxismo italiano sempre se consome nesse tipo de contraposição: Labriola, Mondolfo, Gramsci etc. Desequilíbrios constantes entre objeto e sujeito.

De Althusser, Poulantzas toma a teoria da contradição complexa, contraposta à contradição simples de Hegel. Isto é, em cada situação histórica específica não existe uma única contradição, mas um bloco de contradições que agem umas sobre as outras. Althusser fala também de contradições desiguais, de contradições principais e secundárias, antagonistas e não. Tudo isso é chamado princípio da *supradeterminação* (supra no sentido de *ultra*). Nota: porque não mais é alegado o famoso princípio da ação recíproca (lembrado por Engels na carta a Bloch de 1890, *Opere*, p. 1.244). Mais do que ação recíproca, *retroação* (mas não há nada disso em Althusser nem em Poulantzas). Deixo de lado um problema mais pungente que é sobre o que significa contradição: não se trata de contradição lógica, mas de contradição *real*.

O que é uma contradição real[17]? Em sentido frágil, tem-se a impressão de que frequentemente até em Marx contradição significa diferença, divergência, contraste, *conflito* (*disfunção*, no sentido do funcionalismo). Em sentido mais fértil, significa que uma determinada situação se converte em sua oposta, por exemplo: liberação-alienação; político-impolítico; liberdade-escravidão; riqueza-pobreza etc.

*

17 À margem: "Em alemão: *Gegensatz* (dito do princípio histórico) e *Widerspruch* (mais geral)".

O que é o *político* no pensamento marxiano (ou marxista)[18]. É uma estrutura regional ou nível ou instância. Existem três estruturas regionais: o econômico, o político e o ideológico. Estrutura e superestrutura: desarticulação da superestrutura *em dois níveis* ou estruturas. A estrutura econômica é a estrutura dominante em *última instância*, o que significa que *determina a posição dos outros níveis* em uma situação específica[19]. Então pode acontecer de o nível político ou o ideológico ocupar um lugar prioritário em determinada estrutura global, o que caracterizaria essa estrutura[20].

A estrutura global — na qual se combinam de várias maneiras as estruturas regionais — o *modo de produção*, claramente — pelo simples fato de que se trata de modos de produção — a estrutura determinante é a economia.

Três são os modos de produção colocados em relevo por Marx: escravagista, feudal, capitalista. Marx estudou em particular o terceiro: deu apenas indicações sumárias sobre os dois primeiros. Mas a distinção entre os vários modos é feita com base nas diferentes maneiras em que são combinadas as estruturas regionais. No modo de produção escravagista, a estrutura dominante é *a política*; no modo de produção feudal, a *ideológico-religiosa*.

A passagem de *O Capital*, citação da p. 25 (na nossa edição p. 113-114)

A característica do modo de produção capitalista é que a estrutura regional dominante é a econômica. Razão pela qual o econômico, somente no MPC[21], é, ao mesmo tempo, a determinação em última instância, mas também tem o papel dominante (p. 18).

---

18 À margem: "Marx fala de político e de Estado quando fala de superestrutura".

19 À margem: "O rei que nomeia o ministro; o rei que reina, mas não governa (entenderia melhor se dissesse que comanda o lugar dos elementos da superestrutura, mas não também dela mesma)".

20 À margem: "função *estratégica*".

21 "Modo de produção capitalista". [N.E.]

Tabela

As formações sociais: objetos reais-concretos, combinações de vários modos de produção (e, portanto, acrescento eu, de diversas posições de níveis: por exemplo, em um sistema feudal-capitalista, acontece um entrelaçamento de papéis dominantes do ideológico e do econômico etc.).

Podemos nos divertir fazendo diversas combinações.

a) escravagista – feudal

b) escravagista – burguês

c) feudal – burguês

d) escravagista – feudal – burguês

[Não é possível ver por que não se deveria admitir uma formação social burguesa-proletária a partir do momento em que se admite a burguesa-feudal. Não dá para ver porque, na luta burguesia-proletariado, a luta é mortal; ou eu, ou você. Duelo de morte]

Até aqui estabelecemos o lugar do *político* na estrutura global. Mas, agora, trata-se de dizer em que consiste. O político coincide com o *Estado*. A luta política é a luta pela conquista do Estado. A luta política não é uma simples luta econômica (sindicalismo) nem uma luta ideológica (utopismo-idealista). Por que o Estado é tão importante? Questionemos a sua função. *O Estado constitui o fator de coesão dos diversos níveis de uma formação social*: é o fator de regulação do equilíbrio total de um sistema (p. 43-44). A função do Estado é a *ordem*. Mas a função do Estado tem diversas modalidades, conforme essa ordem se volte ao nível econômico, ao nível político e ao nível ideológico[22].

[22] À margem: "Teria sido muito mais simples falar de organização dos indivíduos; mas, para um estruturalista, isso não é possível. O estado se torna uma estrutura da estrutura, uma estrutura soberana, uma estrutura a <*palavra incompreensível*> política".

Então, função *genérica* e função *específica* do Estado. Na função genérica (que é sempre função de *ordem*) coordena os diversos níveis [(entre os quais o político: mas o que significa? Coordena a si mesmo, coordena a coordenação. A verdade é que, aqui, político muda de sentido e significa *luta política de classes*. Mas o que significa o *político* relacionado à luta de classes? Significa luta pelo poder etc.)]. Na função específica, *ordena*, coloca *ordem* nos diversos conflitos (econômico, de classe, ideológico).

No MPC, visto que o nível dominante é o econômico, a função específica do Estado *é colocar ordem no econômico, isto é, uma função econômica*.

[Dificuldade que nasce também aqui da duplicidade da estrutura voltada para outras estruturas e também para si mesma: seja no caso da estrutura econômica que *comanda* a si mesma, seja da estrutura política que *contém* a si mesma]

(Essa função genérica e também a especializada do Estado, do político, têm lugar em relação à presença das classes e de sua luta. A ordem não é exercida no vazio, mas com referência específica à luta de classes.

Também na determinação das classes se refletem os três diferentes níveis; (p. 64) as classes são o efeito de um conjunto de estruturas e das suas relações. As relações de classes sociais são relações *sociais* de produção (não relações de produção))

Todo esse *colocar ordem* deriva da presença da *luta de classes*. O Estado é praticamente atropelado pela luta de classes.

A luta de classes é uma luta pelo *poder*.

Resta determinar o conceito de *poder*. O poder tem a ver com a luta de classes: isto é, a luta de classes é uma luta pelo poder. As relações de classes em luta são relações de poder em todos os níveis (econômico, político e ideológico). O poder é definido como *a capacidade de uma classe social realizar os seus interesses objetivos específicos* (110).

O Estado capitalista

I. Característica fundamental do Estado capitalista: autonomia específica do político em relação ao econômico (fala de autonomia *respeitosa* das estruturas econômicas e políticas). *Na medida em que não representa diretamente os interesses* econômicos, *mas os interesses políticos*, na medida em que organiza a luta política da classe dominante[23].

Consequentemente, em determinados casos também podem ser garantidos interesses econômicos das classes dominadas, desde que tais interesses não reduzam o poder político (mas seria perfeitamente possível dizer o contrário: atribuem-se direitos políticos que não corroem os interesses econômicos). Dar o exemplo do *Welfare State* (208).

II. Em relação à ideologia, prevalência da ideologia *jurídico-política* (definição estruturalista da ideologia, p. 223). E isso porque a ideologia tem a função de esconder as relações reais, e as relações reais no MPC são as econômicas.

III. Quanto à relação com a força: monopólio da força.

IV. *Bloco de poder* é uma característica do Estado capitalista (248 e ss.). O que significa coexistência do domínio de mais classes ou parcelas de classes dominantes (essa pluralidade depende do fato de que, em uma formação social — estando presentes ao mesmo tempo mais modos de produção, existem mais classes — dominan-

[23] Dois traços à margem sublinham a última parte da frase.

tes, dominados e de apoio[24]. As parcelas da classe burguesa são os comerciantes, os industriais e os financeiros. Portanto, não mais apenas classes dominantes, mas parcelas diversas de uma única classe (aliança, coalizão ou *função* de classe). Mas sempre existe no bloco a classe ou a parcela hegemônica (258) (a aristrocacia financeira nas lutas de classe na França) p. 259: *o bloco de poder constitui uma unidade contraditória de classes e parcelas politicamente dominantes sob a égide da parcela hegemônica* (distinção entre *bloco* e *aliança*).

Qual é a função dessa autonomia relativa? É a de prover com as *organizações do Estado as deficiências organizacionais da classe dominante*. Ou seja, a tarefa do Estado é *organizar a classe dominante* incapaz de fazer isso por si própria, *desorganizar as classes dominadas* e, enfim, fazer convergir para a classe dominante as classes-apoio.

Por que então a classe burguesa é incapaz etc. (p. 309) é um mistério.

E então quem é esse Estado? Esse benfeitor da burguesia? Aqui se acaba com a hipostatização do Estado. A frase da p. 310 é desconcertante[25]. Aqui a falta dos sujeitos lhe pregou uma peça. Esse Estado não é menos *deus ex machina* do que aquele de Hegel.

Observações

Lembra o pensamento de Balibar sobre a relação entre superestrutura jurídica e estrutura econômica. A função da superestrutura jurídica é a de mascarar os interesses dominantes.

---

[24] À margem: "Mas esse, então, não é mais uma característica do Estado capitalista".

[25] Provavelmente a frase de *Pouvoir politique et classes sociales* a que se refere Bobbio é: "Ces gouvernements [socialdémocrates] ont précisément, dans ce cas, fonctionné, au moyen de l'État, bref de son autonomie relative, comme des organisateurs politiques des classes dominantes", que, na cópia da Biblioteca Bobbio mantida no Centro studi Piero Gobetti, está sublinhada com dois traços de caneta à margem. O livro tem a dedicatória de Poulantzas "Bien amicalement", e contém numerosas anotações de próprio punho de Bobbio.

Função de *ordem* do Estado é também função *reguladora* da economia (não como a que se atribui a concepção do Estado de bem-estar). Não é uma função técnica, mas uma função política.

*

O problema da condição que eu levantei (resposta de Ancarani) deve ser colocado em seu devido lugar.

(Historicismo e humanismo são mortos que devem ser continuamente assassinados, a polêmica tem importância central.) Trata-se de definir o nível político sem jamais o isolar. A autonomia específica não é outra coisa senão a definição de nível (ou é autônomo como nível, ou não é um nível). A fase não define a autonomia do político.

*

Farneti[26]. Mas trata-se apenas de *ação recíproca*? E então onde está a novidade? Toda a sociologia não fez senão isso.

Critérios empíricos da demonstração. Marletti[27] indaga: se não parte da experiência, que direito alguém tem de instituir um novo nível, por exemplo, o educacional?

Ancarani responde que primeiro é necessário *articulá-lo*, e somente se encontra uma maneira de explicá-lo se ele foi articulado.

---

[26] Paolo Farneti (1936-1980), discípulo de Bobbio, foi docente de Sociologia Política e de Ciência Política na Universidade de Turim.

[27] Carlo Marletti, que será em seguida docente de Sociologia na Universidade de Turim, exerceu, de 1967 a 1971, juntamente com Paolo Farneti, funções de tutor para as atividades de estudo e pesquisa do Centro studi di Scienza politica [Centro de estudos de Ciência Política], dirigido por Bobbio.

V. MARX, O MARXISMO, AS CIÊNCIAS SOCIAIS

15. MARXISMO E CIÊNCIAS SOCIAIS[1]

– Discurso problemático. Só para começar: o que se entende hoje por marxismo?

– Muitos marxismos. O marxismo não é mais um universo, mas um pluriverso. *As escolas*.

– Havia um marxismo da Segunda Internacional, da Terceira. Há um marxismo das décadas de 1950 e 1960?

– Razões:

1. Um fato fisiológico, que é o da interpretação. As analogias com as interpretações das leis são surpreendentes. Interpretação da letra e do espírito. Interpretação autêntica. Interpretação restritiva e extensiva. Corretivos. Para a solução das antinomias, valem principalmente as mesmas regras que valem para as leis: *lex posterior derogat priori* etc. *Il mito del Marx genuino* [O mito do Marx genuíno] (Poulantzas).

---

[1] ANB, Corredor, 152, u.a. 769. Subtítulo, entre parênteses: "União Cultural, 14.2.1975". Vinte e três páginas manuscritas no verso de provas tipográficas. A mesma unidade arquivística contém também um texto datilografado de sete fichas intitulado "Marxismo e scienze sociali" ["Marxismo e ciências sociais"], que resume, em formato mais sintético, talvez usando as mesmas frases, o conteúdo das anotações para a conferência na União Cultural de Turim que aqui transcrevemos.

2. Tanto mais difícil a interpretação quanto maior a variedade dos textos. Os manuscritos de juventude. E os *Grundrisse*. Marx esotérico e exotérico. Como Aristóteles (um paralelo entre a história do marxismo e do aristotelismo seria extremamente interessante). (Uma verdadeira batalha de textos. A escola de Budapeste e Althusser).

3. Estendendo ainda o olhar, condições históricas diversas em que se desenvolve; diversos marxismos, por isso se fala de marxismo ocidental e oriental, dos países em desenvolvimento e subdesenvolvidos. Sobretudo o fato de que são mais países socialistas, e cada um defende o próprio marxismo (URSS, China, Iugoslávia).

4. O fenômeno do revisionismo (no sentido filosófico do termo). Necessidade de fazer um paralelo de Marx com o que veio depois.

a) marxismo e existencialismo (Sartre)
b) marxismo e fenomenologia (Paci e a escola de Budapeste)
c) marxismo e psicanálise (Marcuse)
d) marxismo e estruturalismo (Levy-Strauss[2])

(Influencia também o tipo de relação com Hegel: Lukács ou Della Volpe.) (O problema das relações entre Marx e Engels[3].)

Existe um *neomarxismo*. O que significa esse *neo*?

Em geral, *neo* significa retomada de um sistema não para tornar a propô-lo, mas para *adaptá-lo* aos novos tempos, *atualizá-lo* e *aplicá-lo* a novas situações. Assim, o neokantismo: como se pode utilizar Kant diante das ciências históricas (crítica da razão histórica).

2 Claude Lévi-Strauss.

3 À margem: "Existe uma tendência a desclassificar Engels, a fazer de Engels um despossuído, a mostrar que tudo o que está errado foi dito por Engels (a frase de Timpanaro)".

*

O que significa ser marxista hoje? Ou melhor, qual é o denominador comum para ser considerado marxista? Uma concepção do mundo ou um método? Uma filosofia da história ou uma crítica política? Um determinado modo de fazer filosofia ou de fazer política, e assim por diante? O *materialismo*: qual materialismo? A crítica da economia clássica? Uma atitude política, e qual, a do PCI[4] ou a de um outro partido ou grupo que se volte para o marxismo? *Uma escolha de campo*?

Essas questões não são nada ociosas: a acusação mais frequente que se dirige ao adversário é de não ser marxista. Quem apoia não tem nada a ver com o marxismo etc. As acusações de trair o espírito de Marx são bem frequentes. Questões do tipo: mas onde é que Marx escreveu tudo isso? etc. etc.

Não são questões polêmicas. São um convite a um exame de consciência. Quem decide quem é marxista? Subjetivamente, todos o são, mas para os outros ninguém o é. Cada um o é por si mesmo: não o é para os outros.

Com base em qual critério dizemos sermos nós os marxistas, e não os outros? O mínimo que se diz de teses que não aceitamos é que são anarquistas, ou social-democratas, ou revisionistas, ou stalinistas, ou pequeno-burguesas etc. Voltamos ao tema do Marx genuíno. Há um Marx genuíno e um Marx não genuíno. Porém, uma vez mais: com que critérios se distingue um Marx genuíno de um não genuíno? Uma vez mais voltamos ao problema dos textos.

Quem é marxista hoje? O que é necessário apoiar para ser marxista? Quais são os princípios irrenunciáveis aos quais se é preciso aderir para ser chamado marxista? Existem tais princípios?

---

[4] Partido Comunista Italiano. [N.E.]

Um outro modo de colocar o problema:

Ninguém mais rejeita hoje totalmente Marx (assim como fizeram os liberais como Einaudi e Croce há 50 anos).

Provavelmente ninguém hoje o aceita totalmente: mas, entre a aceitação total e a recusa total, existe um enorme espaço intermediário, que deixa aberta a possibilidade para as mais diversas posições: o não marxista, o filomarxista, o quase marxista, o neomarxista, o marxista *tout court* etc.

Lembrar a liquidação de Marx feita nos primeiros anos do século (nenhum dos grandes personagens da cultura italiana foi marxista: Croce, Gentile, Salvemini, Einaudi).

Não há dúvida, porém, de que as obras de Marx existem, que constituem um momento importante, ou talvez uma virada no estudo das sociedades humanas. E não se pode negar que tais obras tiveram e têm, cada vez mais, uma enorme influência sobre as ciências que se ocupam do homem em geral e do homem social em particular.

Para concluir este preâmbulo: não marxismo e ciências sociais, mas Marx e as ciências sociais.

(Uma outra razão pela qual preferiria *Marx*, e não *marxismo,* é que o marxismo é também sempre um *ismo*. E não se sabe bem o que tem a ver com a ciência, que é caracterizada por um método (e por um objeto). Tem a ver com as ciências sociais apenas na medida em que todas as ciências sociais — mesmo aquelas que se declaram neutras — são fortemente ideologizadas. Existe um sentido de marxismo e ciências sociais que significa marxismo e, por exemplo, positivismo (ou neopositivismo) (ou parsonismo), ou empirismo, ou pragmatismo etc., isto é: *ismo* contra *ismo*. A teoria do *não ismo*. Mas também o não ismo é um ismo?)

Qualquer *ismo* é absolutizante. E traz o risco da *ortodoxia*, ou seja, de bloquear, de desencorajar toda forma de dissenso produtivo; e do *dogmatismo*, isto é, de embotar o espírito crítico; e ainda, sobretudo, de elevar o argumento de *autoridade* a argumento último na discussão, ali onde, no âmbito da pesquisa científica, deve valer o princípio do confronto da experiência. Um costume bastante frequente do marxista é o de citar Aristóteles, em vez de olhar na luneta.

Relação inversa

Creio que hoje ninguém ouse negar a exigência de confrontar Marx com as demais correntes do pensamento social e político. Basta pensar em M. Weber ou em Schumpeter. Aliás, é o que Marx fez em sua época: Hegel, os economistas clássicos, os iluministas franceses, os socialistas utópicos, os utilitaristas, a esquerda hegeliana etc. Na obra de Marx está toda a cultura do século XIX e do grande século.

Quem é apenas marxista não é marxista.

A única maneira de entender melhor Marx é ler não somente Marx: mas ler o que veio depois e o que veio antes (Exemplo: Heller[5]) (Exemplo da filosofia política que me é mais familiar. O tema do Estado em Marx está na ordem do dia. Poucos se interessam pelo que os escritores anteriores a Marx disseram sobre o Estado, com resultados impressionantes. Se não se compreende Maquiavel ou Hobbes, Locke ou Bentham, tampouco se compreende Marx. Empaca-se no bloco Hegel-Marx, o que leva a cometer asneiras. Hegel como *non plus ultra* do Estado burguês, enquanto o Estado burguês com o qual Marx polemiza é o dos economistas ingleses, para os quais o Estado pretende ser — mas não é — apenas o guarda noturno etc.)

[5] À margem: "e a teoria das necessidades dos clássicos, que certamente Marx conhecia".

*

Conclusão: necessidade do encontro
(Pular até a p. 15[6])

*

O que é marxismo[7]?

1. uma concepção do homem:
   a) como ser social, determinado e determinante
   b) como ser histórico
   c) como ser prático (primado da prática sobre a teoria)

2. uma concepção da sociedade:
   a) estrutura e superestrutura
   b) conflitualismo (ou antagonística)
   c) classista

3. uma concepção da história:
   a) modos de produção (mais que de formas de governo)
   b) progressiva (temas do progresso)
   c) que procede por contradições (dialéticas)

4. uma concepção do Estado:
   a) superestrutural
   b) estreitamente ligado ao domínio de classe
   c) age mediante coação (o Estado força)

[6] Aqui: *infra*, p. 109.

[7] À margem: "uma concepção da realidade, v. materialismo dialético".

5. uma concepção da política:
   a) luta de classes
   b) para a transformação radical da sociedade capitalista
   c) cujo sujeito histórico é a classe operária

(Não falo do marxismo como concepção geral da realidade, isto é, como materialismo dialético, porque aqui se trata de hipótese de trabalho para uma pesquisa empírica da sociedade, e não de uma concepção filosófica que, acima de tudo, se presta a mitologias.)

Mas o marxismo é sobretudo um método, um método de abordar problemas:

a) lógica específica do objeto específico
b) a crítica da aparência (desmistificação)
c) totalidade.

Diante de todos esses pontos, seria tolo negar a enorme importância ou, como preferir, a influência decisiva de Marx no desenvolvimento das ciências sociais.

Resta, porém, questionar se, diante dessa constatação, ainda não seriam possíveis duas respostas:

1. porque somos marxistas
2. porque não podemos nos dizer marxistas

Trata-se de saber se fazemos *ciências sociais* a partir de Marx; ou se fazemos ciências sociais levando em consideração Marx, acertando as contas com Marx, mas dando um passo adiante para comprovar o que Marx disse. (Pessoalmente, prefiro a segunda atitude. Repito, a primeira me parece que está sempre correndo o risco do dogmatismo; do "teoreticismo", isto é, de ter toda uma bela teoria na cabeça antes de sair à rua para ver o que se passa; antes ter medo de sair à rua por temor de que passe alguém que não esperamos e que nos obrigue a desmentir a teoria à qual estamos afeiçoados e à qual nos agarramos como a um salva-vidas.)

*

Não menos problemático é o outro elemento do binômio: ciências sociais[8].

Se por ciências sociais entendemos geralmente as ciências que se ocupam da sociedade, *nulla quaestio*, no máximo nos perguntaremos se entram nessa categoria esta ou aquela ciência. Prevenindo equívocos, a formulação mais usada hoje internacionalmente é *ciências humanas*.

A verdade é que quando se fala de ciências sociais geralmente se entende um determinado modo de fazer ciência, que foi o positivista do século passado, e é o neopositivista de hoje; ou se refere às escolas sociológicas que estão mais difundidas hoje no mundo ocidental, como a escola de Parsons, Merton etc.: a escola americana. Disso, o problema da relação entre marxismo e ciências sociais não consiste tanto em reconhecer a contribuição do pensamento de Marx para os vários temas que comumente são objeto de estudo das ciências sociais, mas consiste no contraste entre duas concepções (filosóficas) da sociedade, por exemplo, uma [*de*] tipo conflitualista, como a marxiana, e uma de tipo integracionista, como a parsoniana; uma dualista ou dicotômica, e uma pluralista, e assim por diante.

Nesse aspecto, a discussão é de fundo, e o resultado é o choque, e, no final, a rejeição *recíproca*.

---

[8] À margem: "Aqui o problema é de alargar o campo, e não de delimitá-lo. Alargá-lo além do campo restrito das ciências sociais de tipo empirista".

Em minha apresentação em Catânia[9] analisei esse contraste ou choque nos seguintes níveis (que agora não vou repetir: epistemológico, ontológico, metodológico, ideológico).

*

Aqui, contudo, me interessa mais ver certas linhas de convergência: uma vez entendido o marxismo não no sentido dogmático, e as ciências sociais não em sentido cultural, como aquelas que só tiveram uma certa circulação nos Estados Unidos e, guardadas as devidas proporções, foram canonizadas para uso dos estudantes de todo o mundo sob a influência norte-americana, estas linhas de convergência existem.

Em especial, levo em consideração o que ocorre no campo da ciência política (que me é mais familiar). Escolho um caso que a mim [*parece*] particularmente interessante: o da *autonomia relativa do político*.

Existe uma parcela expressiva, ou talvez preponderante, dos marxistas que sustenta — contra algumas afirmações bem radicais de Marx sobre a dependência do político ao econômico, do Estado à sociedade civil — a tese da autonomia relativa do político. O que significa? Significa que a esfera da política não é um reflexo puro e simples do que ocorre na esfera das relações de produção e das relações de classe, mas tem uma função *específica* (insisto, específica), que é — nas palavras de Poulantzas — a de "constituir o fator de coesão dos vários níveis de uma formação social" (p. 43), ou então "como forma de regulação do equilíbrio global de uma formação social enquanto sistema" (p. 44).

---

[9] Cf. a apresentação introdutória à conferência sobre "Scienze sociali e marxismo" ["Ciências sociais e marxismo"], ocorrida em Catânia (18-20 de dezembro de 1972), agora in N. Bobbio, *Né con Marx né contro Marx*, organização de C. Violi, Roma, Editori Riuniti, 1997, p. 115-152.

Tenho a impressão de que uma definição desse tipo é retomada na abordagem do problema do Estado da ciência política contemporânea, ao menos a partir de M. Weber, independentemente do fato de ser marxista ou não. "Fator de coesão", "fator de regulação do equilíbrio", "equilíbrios globais", "sistema" parecem-me termos que podem ser adotados por qualquer cientista político. O que aconteceu? Ocorreu um processo de revalorização do *político*, que é característica não somente do marxismo contemporâneo.

Para ser sucinto: toda a filosofia política até Hegel acentuou o primado absoluto da política. Depois, aconteceu uma inversão total de rota, tanto na tradição liberal, dos economistas (Smith e os fisiocratas) aos utilitaristas, quanto na tradição socialista (dos utopistas a Marx e Engels), inversão de rota que se poderia chamar de primado da sociedade sobre o Estado. Pensemos no Estado mínimo, que deve governar o menos possível, dos liberais ingleses, ou no Estado comitê de negócios da burguesia: as semelhanças são impressionantes.

Hoje o crescimento desmedido dos aparatos estatais, seja nos países ocidentais, seja nos orientais, derrotou para sempre as utopias liberais, não digo do desaparecimento, mas da limitação às raias dos mínimos termos do Estado, e levou a rever algumas afirmações drásticas demais de Marx e de Engels sobre o Estado como superestrutura etc. Hoje a teoria da autonomia do político pode ser um bom ponto de encontro entre aqueles que partem de Marx e aqueles que partem de outros pontos de vista. Um ponto de encontro e de fértil discussão.

O outro tema no qual enxergo um encontro é o do processo de burocratização do Estado. Hegel havia exaltado o Estado burocrático (dos funcionários). Marx o havia criticado desde a *Crítica* da juventude, e depois tornou várias vezes a fazê-lo (no *18 de brumário*, por exemplo). Um dos temas da ciência política não marxista (M. Weber à frente) é a transformação do Estado em grande aparato. A crítica a esse fenômeno avançou constantemente *pari passu* tanto nos autores marxistas (de Trotski até *Socialisme ou barbarie*) quanto nos autores não marxistas. Não há dúvida de que hoje estamos diante de um problema, que talvez seja o problema fundamental do Estado moderno, de como corrigir o impulso fatal em relação aos grandes aparatos com um processo inverso, que é o processo de democratização. Os dois processos ocorreram paralelamente, um estreitamente ligado ao outro (ligados porque o crescimento do Estado burocrático é também um efeito do crescimento da participação constante de novas massas no poder). Hoje o nosso destino depende de qual dos dois processos superará o outro. Creio que, diante desse problema, marxistas e não marxistas possam tirar proveito das pesquisas uns dos outros.

Último, o problema da democracia: não pretendo repetir o que já disse outras vezes. Mas a minha convicção é de que os marxistas melhoraram — e muito — a pontaria. Uma discussão como a que ocorreu na década de 1950 seria hoje improvável. Mas eu sou o primeiro a reconhecer que o democratismo fácil daqueles que estão do outro lado seria impossível hoje. Eis um grande ponto de encontro, desde que explorado sem preconceitos, sem falsidades, sem recorrer ao *ipse dixit*. Ninguém hoje pode rejeitar as propostas, que procedem de certos filões do marxismo, de alargamento das bases democráticas do poder (dos bairros às fábricas) — que depois se chama *descentralização*, que depois vira programa da democracia radical etc. Mas também ninguém pode recusar a experiência quase secular das democracias chamadas antes de "burguesas" (não é necessário ter medo das palavras) do pluralismo das opiniões, sem as quais não existe democracia nem burguesa nem não burguesa.

Hoje está bem claro aos olhos de todos os marxistas e não marxistas que os problemas da democracia são três: a) participação; b) controle pela base; c) liberdade de dissenso. Estamos também bem convencidos de que existem bloqueios gravíssimos nesses três mecanismos, tanto nos Estados capitalistas quanto nos socialistas. Participação distorcida; controle ineficaz; dissenso limitado. A problemas comuns, não digo respostas iguais: mas ao menos colaboração, sem conclusões preconcebidas; trocas de experiências, não autarquia cultural; pesquisas convergentes, não impedimentos apriorísticos[10]. Nada de mais improdutivo e deletério no domínio da ciência do que cada um cavar para si a própria trincheira. Se devemos, portanto, chegar a uma conclusão, é que hoje convém encontrar mais pontos de contato do que de dissenso, eliminar mal-entendidos muito mais do que alimentar polêmicas destinadas a se contorcer em si mesmas.

Cuidado, não digo isso por espírito de conciliação a todo custo, e muito menos para misturar águas já bastante turvas; mas porque creio que hoje devemos todos partir da consciência de que os problemas são enormes, são em parte comuns a mundos que, todavia, se acham contrapostos, e que toda forma de simplificação, a busca de atalhos, é totalmente inútil, senão contraproducente.

Diante do problema da democracia, devemos olhar ao nosso redor com gravidade, com seriedade, com vontade de compreender. As ciências sociais estão convocadas a dar uma resposta não evasiva.

---

[10] À margem: "e sobretudo banimento das desconfianças, das frequentes posturas que consideram o outro de má-fé".

16. A *HISTÓRIA DO MARXISMO* EINAUDI[1]

Eu me fiz esta pergunta e a faço aos encarregados pela promoção da obra. Eu me pergunto se, organizando a publicação de uma *Storia del marxismo* que deveria ser escrita por marxistas, como resultado da introdução de Hobsbawm, estariam preocupados em fazer uma história marxista do marxismo. Parece-me que uma questão desse tipo seja legítima a partir do momento em que os marxistas, ao escreverem obras históricas, fazem ou pretendem fazer ou creem fazer obras marxistas, isto é, obras históricas diferentes, pela abordagem, pelo método, pelos resultados, das obras históricas escritas pelos não marxistas.

Entende-se que uma preocupação desse tipo deveria levar a um debate sobre o tema: É possível uma história marxista do marxismo? E, posto que seja possível, quais deveriam ser suas características?

Ao ler a introdução de Hobsbawm — aliás, uma introdução muito séria e erudita que eu não me permito criticar, sendo geral-

---

[1] ANB, Corredor, 153, u.a. 774. Transcrevemos as páginas manuscritas numeradas 1-10, omitindo duas páginas não numeradas, intituladas *Per un articolo sulla crisi del marxismo* [Para um artigo sobre a crise do marxismo], e duas páginas finais não numeradas com anotações sobre o debate na sequência desta intervenção. O título é nosso e se refere a *Storia del marxismo* [História do marxismo], I, *Il marxismo ai tempi di Marx* [O marxismo nos tempos de Marx], Turim, Einaudi, 1978.

mente avesso à crítica pela crítica — pensei que uma preocupação tal entre os promotores não existisse, ou, pelo menos, não me parece que a introdução jogue muitas luzes sobre esse problema.

Não volto a fazer a pergunta feita em Gênova, qual seja, o critério para diferenciar os marxistas dos não marxistas, já que aquele mencionado na introdução não me convence muito. De todo modo, noto que uma das características dessa história do marxismo é ser escrita por marxistas ou por pessoas que se declaram como tais. E, então, como posso deixar de perguntar? Uma história do marxismo escrita pelos marxistas deve ou não deve ser uma história marxista do marxismo? E, se o deve ser, como deve ser feita essa história para que se possa diferenciá-la de uma história do marxismo que porventura seja escrita por não marxistas? Em outras palavras, pode uma história do marxismo furtar-se ao compromisso metodológico justamente da historiografia marxista? E se, como creio, não se pode furtar [para que não aconteça o que aconteceu com Vico, que depois de ter traçado as linhas dos cursos históricos da humanidade achou que não poderia aplicá-los à história do povo eleito], como deveria ser esta história do marxismo escrita com o método da historiografia marxista?

Consideremos este primeiro volume dedicado aos dois fundadores. Em geral, quando um marxista se ocupa do pensamento de um filósofo ou de um cientista, não se limita a reconstruir por dentro o seu sistema, não se limita a interpretar sua doutrina ou a colocar em relevo seus resultados, mas se propõe a colocar a obra em relação com a sociedade da qual é o reflexo, a mostrar o chamado núcleo ideológico além das pretensões filosóficas ou científicas. Um extraordinário criador de uma teoria complexa monumental e fascinante do Estado moderno, como Hobbes, nas mãos de um marxista, torna-se a ideologia da burguesia nascente. O autor da crítica da razão pura é o ideólogo da burguesia reacionária da Alemanha do final do século XVIII. Hegel, o ideólogo da burguesia em ascensão etc. Cada teoria é determinada pelas relações de classe da qual o autor é inconscientemente o portador.

Não me parece, ou quem sabe eu esteja enganado, que esse método de análise tenha sido aplicado a Marx e a Engels na maior parte dos ensaios deste volume. A maior parte desses ensaios é a reconstrução do pensamento de Marx por dentro, como seria possível a qualquer historiador não marxista fazer. A passagem do socialismo pré-marxiano ao socialismo científico não está explicada tanto com base nas relações alteradas de classe quanto na superioridade da filosofia clássica alemã da qual Marx havia sido um discípulo consciente.

Leio esta frase.

"Talvez fosse previsível que a nova fase do socialismo se desenvolvesse não no centro da sociedade burguesa, mas nas suas margens, na Alemanha, por meio de uma profunda reconstrução do complexo edifício especulativo da filosofia alemã" (p. 31).

Hobbes reflete a crise da sociedade inglesa durante a longa guerra civil. Kant, o atraso prussiano. Hegel, o clima da restauração. Marx, não: Marx ergue seu edifício a partir de sua cabeça, isto é, pela profunda reconstrução do complexo edifício especulativo da filosofia alemã[2].

Que fique claro, exagero um pouco. Um pouco, mas não muito. Acrescento que acho bom que Marx tenha construído o socialismo pela reconstrução da filosofia clássica alemã. Mas em que é marxista essa interpretação? E se não é marxista, como eu não acho que seja, trata-se de saber por que o método marxista se aplica tão bem a todos os outros, aos sofistas, a São Tomás, a

[2] À margem: "Cuidado, não sou, em absoluto, contrário a este método: existe um elemento criativo do pensador original. Não vejo por que Marx deva ser o único pensador a ser estudado não marxisticamente".

Maquiavel, a Spinoza, a Leibniz, que eu saiba, a Max Weber, e não a Marx.

Não insisto. Acho que podemos dizer que esta história do marxismo é uma história marxista não porque se tenha sido tratada com o método marxista, mas porque foi escrita por marxistas. E então faço uma pergunta a mim e a vocês: uma história do marxismo escrita por não marxistas teria sido diferente? Eu acho que se pode dizer que sim, seja quanto ao método, seja, talvez, quanto à abordagem geral.

Ouso dizer o que um não marxista teria desejado que estivesse nesta história e não está, ou pelo menos está só parcialmente. Um não marxista teria organizado o volume inteiro de um jeito diferente, sobretudo em relação a dois aspectos:

1. um maior confronto do pensamento de Marx com as outras grandes correntes do pensamento que caracterizaram a história das ideias do século XIX.

2. uma abordagem menos comum, menos convencional dos vários aspectos da obra de Marx.

Sobre o ponto 1, pareceu-me um pouco convencional começar a partir do socialismo utópico, e depois passar a Marx. Essa é uma história interna ao marxismo, transmitida aos descendentes do famoso ensaio de Engels sobre a passagem do socialismo da utopia à ciência. Interessar-me-ia muito mais um belo ensaio sobre Marx e Comte, e sobre Marx e o positivismo de Saint-Simon e Spencer[3]. A grande filosofia inglesa do século é o utilitarismo de Bentham, Mill, Spencer. Não teria sido interessante um ensaio sobre Marx e o utilitarismo? Como entender por que o marxismo teve tão pouco sucesso na Inglaterra, e em geral nos países influenciados pelo pensamento inglês, se não mensurar isso com o

[3] Na entrelinha: "(como de Saint-Simon saiu o filão tecnocrático e do positivismo nasceu Spencer, o anti-Marx)".

utilitarismo primeiro, e com o pragmatismo depois etc.? Para passar à outra corrente do pensamento, penso naquele belo livro que foi o *Da Hegel a Nietzsche* [De Hegel a Nietzsche], de Löwith, e na problemática da dupla dissolução do pensamento hegeliano, uma que vai de Feuerbach a Marx, outra que vai de Kierkegaard ao existencialismo, e em toda a riqueza de temas que se perdeu neste volume que coloca Marx em contato consigo mesmo e com os seus predecessores declarados (os socialistas utópicos). Na margem oposta do pensamento liberal francês, Constant e Tocqueville jamais são citados; contudo, existe um longo ensaio de Badaloni, exemplar em seu gênero, sobre a pesquisa da liberdade comunista em Marx. Eu me pergunto como se faz para analisar o conceito de liberdade em Marx sem colocá-lo em relação com a ideia de liberdade dos autores da tradição liberal ou não liberal (o acréscimo do adjetivo "comunista" à palavra liberdade modifica o significado de liberdade? Como o modifica? Liberdade negativa e liberdade positiva, de um lado, e liberdade subjetiva e objetiva em Hegel. Qual a relação entre uma dessas duplas e a outra?).

No que se refere ao segundo ponto, a divisão um pouco convencional dos vários aspectos da obra de Marx — filósofo, político, historiador, economista —, noto uma clara prevalência do Marx filósofo, ao qual mais ensaios são dedicados, o de *MacLellan*, sobre a concepção materialista da história; o de *Mészáros*, sobre o Marx filósofo; e o de *Badaloni*, sobre o Marx economista, ao qual é dedicado um único ensaio, o de Dobb. Parece-me que, diante da massa infinita e ainda crescente de estudos sobre *O Capital* e sobre todas as obras econômicas de Marx, existe uma certa desproporção entre as partes dedicadas às suas obras filosóficas e também políticas e as dedicadas à crítica da economia política.

Além das divisões costumeiras, é de se notar como uma novidade relativa talvez apenas o ensaio de Krader sobre o pensamento etnológico de Marx, ainda que se leiam nessas páginas frases de efeito que eu preferiria não encontrar em uma história que se apresenta como uma obra científica. Por exemplo, a crítica ao individualismo considerado como uma teoria regressiva em relação ao aristotélico homem animal social, enquanto eu creio que o destaque dado ao indivíduo como sujeito autônomo em relação à sociedade de que faz parte é uma conquista irrenunciável do pensamento moderno. Sobretudo depois, quando a crítica do individualismo é feita com uma frase do tipo: "desonerar os ricos do peso dos tributos, eis o que está por trás da filosofia do indivíduo" (confesso que, diante de uma frase como essa, eu fiquei literalmente pálido). Se a filosofia de Marx é uma filosofia da libertação, será, creio eu, uma filosofia da libertação do indivíduo, de todos os indivíduos, e não apenas de alguns privilegiados. Mas se não se parte de uma ontologia de tipo individualista, e se, em vez disso, parte-se de uma ontologia social, como a aristotélica, tomada de Hegel, em que o *todo* está acima das partes, pergunto-me se não se atinge, em vez da libertação do indivíduo, a sua anulação.

Qual a minha concepção de uma divisão menos convencional? Dou alguns exemplos de aspectos da obra de Marx que poderiam ter tido um tratamento à parte ou teriam merecido uma atenção maior. Acima de tudo, Marx *crítico*, "Marx e a *crítica*"[4].

Leio um ensaio de Robert Heilbroner[5] que exalta Marx como o maior filósofo depois de Platão e o exalta como "inventor da ciência *crítica* da sociedade". Estou de acordo. O que se enten-

---

[4] À margem: "As críticas de Kant; depois o sistema. De novo a crítica. As eras críticas e as orgânicas de Saint-Simon. Só que Saint-Simon acreditava estar em uma era orgânica. Em vez disso, Marx acreditava estar em uma era crítica".

[5] R. L. Heilbroner (1919-2005), economista americano, autor, entre outros, de um livro sobre os grandes economistas: *The Worldly Philosophers. The Lives, Times, and Ideas of the Great Economic Thinkers* [Os filósofos mundanos. As vidas, tempos e ideias dos grandes pensadores econômicos] (1953).

de por *crítica*? Certamente tem vários significados, mas quais são? Eu me pergunto: não teria sido mais interessante um ensaio "Marx *crítico*, Marx e a *crítica*", muito mais que Marx filósofo?

A esse tema da crítica se acrescenta o da teoria da ciência. Da teoria da ciência de Marx se fala, parece-me, apenas no ensaio de Mészáros. Contudo, hoje, é um problema importantíssimo, e que, além do mais, foi amplamente estudado no âmbito do marxismo. Refiro-me, por exemplo, ao livro de Veca, que eu li com muito interesse, sobre o programa científico de Marx[6]. Refiro-me a todas as discussões que foram feitas em torno do livro de Kuhn[7] sobre as revoluções científicas, e da aplicação que delas se fez nas ciências sociais. De todo esse debate não há nenhum vestígio em todo o livro.

Um outro capítulo que, na minha opinião, teria sido necessário é o da teoria da ideologia. Aqui Marx é realmente um grande inventor, mesmo que sempre se soubesse, da nobre mentira de Platão em diante, da importância que tem a elaboração e a manipulação das ideias para se obter e manter o domínio. Mas ninguém jamais havia lançado o olhar até o fundo como Marx. De Marx nasceu nada menos que uma disciplina que se chama a sociologia do conhecimento, ou seja, a história das relações entre as ideias e a sociedade, como as ideias nascem da sociedade e como retornam à sociedade. Hoje a teoria das ideologias alimentou bibliotecas inteiras. Parece-me estranho que esse aspecto tão importante do pensamento de Marx não tenha sido objeto de um tratamento especial à parte.

Por fim, visto que aos ouvidos dos marxistas a palavra sociologia soa mal, francamente eu teria incluído um belo capítulo

---

6 S. Veca, *Saggio sul programma scientifico di Marx* [Ensaio sobre o programa científico de Marx], Milão, Il Saggiatore, 1977.

7 T. S. Kuhn, *La struttura delle rivoluzioni scientifiche* [A estrutura das revoluções científicas], Turim, Einaudi, 1969.

sobre Marx sociólogo, ou sobre Marx e a teoria da sociedade. Não há sociólogo hoje que não tenha Marx como referência. Pareto e Marx, Weber e Marx, Parsons e Marx. A obra de Marx é a mais grandiosa tentativa até agora feita de elaborar uma teoria global da sociedade, não só, mas de encontrar as linhas de desenvolvimento da sociedade humana no seu conjunto. Tudo isso se chama hoje *sociologia*, queiram ou não.

Percebo perfeitamente que existem limites de espaço que não permitem que tudo caiba em um mesmo volume. Não tenho nenhuma pretensão de propor uma discussão alternativa. Simplesmente coloquei algumas perguntas porque, diante de um tema tão importante hoje como o do marxismo e de sua história, quem não se questiona ou é um crédulo que tudo aceita, ou é alguém que não se interessa. Eu não me interesso por isso.

17. MARX VIVO?[1]

Jader Jacobelli

<*palavra incompreensível*> dos filósofos

O sistema

Aqui estão filósofos marxistas, antimarxistas e não marxistas. Não sabemos qual é sua posição diante de Marx. Saberemos isso ao final.

Podemos pressupor que existem marxistas, antimarxistas e não marxistas, e pode também existir alguém que considere esses rótulos equivocados, e que provavelmente só existem pessoas que desejem entender quem foi Marx, e sobretudo que queiram *entender-se* entre si (como bem disse Romeo no final[2]).

---

1 ANB, Corredor, 152, u.a. 768. Manuscrito de nove folhas, a primeira das quais não numerada. É para se desconsiderar que a referência em destaque seja a J. Jacobelli, *Dove va la filosofia italiana?* [Onde vai a filosofia italiana?], Roma-Bari, Laterza, 1986 (que compreendia também uma resposta de N. Bobbio). Em vista da referência seguinte ao centenário de morte de Marx, essas anotações provavelmente datam de 1983. O título é nosso.

2 Depois desta página começa a numeração das folhas de 1 a 8.

Marxistas, antimarxistas, não marxistas.

Os filósofos se melindraram um pouco (ficaram um pouco mal) porque foram colocados em cena depois dos historiadores. A filosofia vem sempre em primeiro *ou* em último lugar. Mas, no *meio*, jamais.

(Não falemos então dos políticos)

Tanto mais que na obra de Marx a filosofia constituiu o primeiro interesse de Marx. Marx obteve o título de doutor em Berlim[3], em 1841, com a famosa tese sobre Demócrito e Epicuro, e os primeiros escritos da *Crítica da filosofia do direito de Hegel* à *A ideologia alemã* são escritos filosóficos. Depois de ter acertado as contas com Hegel, desinteressou-se da filosofia, certamente da filosofia contemporânea. Não parece que Marx tenha-se vinculado à filosofia do seu tempo.

Marx foi filósofo?

Existe uma filosofia de Marx?

Sob qual aspecto da filosofia se pode dizer que Marx seja filósofo?

1. Embora as filosofias se diferenciem em *ismos*, existe um ismo marxiano? O materialismo dialético ou histórico são rótulos que se aplicam a Marx? É possível enquadrar o pensamento científico e Marx em um *ismo*?

Inesperadamente, foi de Marx que veio um *ismo*: marxismo. Mas o marxismo é uma filosofia? Ou, melhor dizendo, o marxismo define uma filosofia? Um movimento de ideias, sim, mas de ideias filosóficas? Define uma doutrina e um programa político.

2. Como é que o marxismo se pôde misturar com outras filosofias? O *revisionismo* com o positivismo, com o kantismo, com

[3] Troca por: Jena.

a fenomenologia. Não existiu filosofia depois de Marx que não se tenha misturado com o marxismo.

3. Crise do marxismo é crise de uma filosofia ou do quê?

Eu disse que as crises do marxismo são típicas crises de previsão, e são típicas das ciências.

As três crises[4].

Marx está vivo?

Vivo, claro, pelo fato de que ninguém hoje pode prescindir de Marx. Existe alguém hoje que se possa debruçar sobre os problemas da sociedade contemporânea *sem levar em consideração Marx*? Ainda que para criticá-lo.

Vivo não quer dizer *válido*. É preciso distinguir *vitalidade* de *validade*. Um pensamento pode estar *vivo* mesmo se o julgarmos negativamente, mesmo que consideremos que tenha gerado consequências funestas: está vivo e inválido.

Quem pode negar que Nietzsche está vivo, ainda que eu possa considerá-lo responsável pelo nazismo?

É necessário distinguir *o que é* do *que gostaríamos que fosse*. Um coisa é desejar que seja colocado de lado. Outra coisa é considerar seriamente que existem ou que permanecerão as crises.

Todas ou quase todas as revoluções do Terceiro Mundo, as guerras de libertação, foram travadas em nome do marxismo (ou do marxismo-leninismo).

Pode-se objetar: mas não é o verdadeiro Marx. Mas qual é o verdadeiro Marx? Qual é o verdadeiro Nietzsche, qual é o verdadeiro cristianismo, o de Pinochet ou o do bispo Romero?

---

[4] Cf. o parágrafo "As três fases históricas da crise do marxismo", de "Teoria dello Stato o teoria del partito?" ["Teoria do Estado ou teoria do partido?"] (1978), in *Né con Marx né contro Marx*, organização de C. Violi, Roma, Editori Riuniti, 1997, p. 214-215.

Trata-se de saber se podemos prescindir de Marx para compreender o mundo contemporâneo ou pelo menos uma parte. Eu acredito que não.

Pensem na crítica e na condenação da sociedade capitalista que dura mais de um século, e que não dá sinais de desaparecer.

Pode-se não estar de acordo com os termos dessa crítica, dizer que não levou em consideração a extraordinária capacidade do capitalismo de superar as crises pelas quais as esquerdas, europeias primeiro, e mundiais depois, deram-no mil vezes por morto, mas não se pode negar que, *enquanto existirem sociedades capitalistas, a crítica marxiana não perderá nada de sua extraordinária força subversiva*.

Quero dizer que não é necessário concordar com Marx para afirmar que Marx está vivo.

O mesmo se dá com o cristianismo: posso ser um não crente, crer que a descendência divina de Cristo é uma fábula, mas seria tolo dizer que o cristianismo está morto.

Com isso não quero dizer que nada morre na história. O paganismo está bem morto. O cristianismo, não. O marxismo, não. Tanto que todos os dias acertamos as contas com seu fundador e inspirador.

Tenho para mim que as esquerdas europeias devem libertar-se de Marx. Mas não posso confundir o meu desejo com a realidade.

A realidade é a apresentada pelo nosso debate e por todos os debates que vão acontecer no mundo este ano. Raramente um centenário suscitaria mais ressonância do que esse. O que me parece uma prova de que Marx ainda está — queiram ou não — vivo.

Marx é um clássico.

Os dois critérios que apliquei a Weber[5]

1. é sempre contemporâneo
2. tem as mais diversas interpretações

Tenho então a impressão de que a última palavra cabe aos economistas.

[5] Cf. N. Bobbio, "La teoria dello Stato e del potere" ["A teoria do Estado e do poder"], in P. Rossi (org.), *Max Weber e l'analisi del mondo moderno* [Max Weber e a análise do mundo moderno], Turim, Einaudi, 1981, p. 215.

18. DUAS CARTAS SOBRE O MARXISMO[1]

A Aurelio Macchioro

Cervinia, 8 de agosto de 1978

Caro Macchioro,

Finalmente de férias, depois de algumas caminhadas revigorantes, senti vontade de ler o seu ensaio[2]. Na carta anterior eu lhe disse que experimento um certo enfado ao ler coisas que me dizem respeito. Desta vez foi um pouco melhor, graças sobretudo ao tom despreocupado, ao estilo não acadêmico, ao humor com que você sabe descarregar suas raivas. Quando li a página

---

[1] Carta a Aurelio Macchioro: ANB, Epistolário, 386, u.a. 2767. Esboço de carta; três páginas datilografadas com correções à caneta. Carta a Paolo Sylos Labini: ANB, Epistolário, 407, u.a. 3622. Uma página datilografada com correções à caneta. Fizemos algumas intervenções nos erros evidentes de datilografia.

[2] A. Macchioro, "N. Bobbio e il momento etico-civile attuale" ["N. Bobbio e o momento ético--civil atual"], in *Società e storia* [Sociedade e história], I, 1978, 2, p. 333-367, agora in Id., L. Michelini (org.), *Keynes, Marx, l'Italia* [Keynes, Marx, a Itália], prefácio de G. Vacca, Roma, Carocci, 2007. Na introdução de Luca Michelini (*La storia del pensiero economico come critica dell'economia politica* [A história do pensamento econômico como crítica da economia política]) são citados nas pp. 59-61 trechos desta carta de Bobbio e excertos da resposta de Macchioro, na data de 26 de agosto de 1978.

sobre "Suas Senhorias" e sobre o Bobbio mentor da nação, ri tanto comigo mesmo que logo precisei relê-la para minha mulher, que achava que eu estava lendo um romance de Achille Campanile. Outra razão mais séria pela qual não me senti desconfortável em demasia é que não me reconheci totalmente no retrato que você fez de mim. Antes de mais nada, uma questão de método: você escreveu um longo, longuíssimo ensaio (ousaria dizer, até longo demais, tanto que há repetições que poderiam ser evitadas) sobre um autor, e desse autor você não citou textualmente nada ou quase nada. É preciso acreditar na sua palavra. Bobagens, mas, a certa altura, perto do fim, na p. 364, você me faz passar por um fanático por Cavour. Onde escrevi isso? Sei ter escrito centenas de páginas sobre Cattaneo, que era um adversário irredutível de Cavour. Você me confundiu com Romeo? Na mesma página você me atribui uma opinião sobre a crise política de Portugal. O leitor tem o direito de saber onde a expressei. E acrescento: eu também.

Assim, e essa não é mais uma bobagem, o seu ensaio está totalmente embasado em minha marxfobia. Uma vez mais, o leitor tem o direito, e dessa vez com mais razão, de saber como, quando e onde. A partir do seu ensaio, o leitor, que não é obrigado a ler o que escrevo, forma a ideia de que eu passo a vida a falar mal de Marx. Se você tivesse feito algumas citações textuais de trechos em que eu critico Marx (mas você sabe muito bem, coisa que o leitor a quem você não oferece os textos não sabe, que eu critico principalmente o "marxismo" que chamei de "barato", o marxismo dogmático, o "tudo em Marx, nada fora de Marx", que a minha marxfobia é apenas uma salutar reação à marxmania, que me limitei a fazer observações sobre a supervalorização de uma teoria do Estado em Marx, que depois de *Estado e revolução*, de Lênin, arrastamos como uma bagagem indispensável) e de algumas outras passagens em que falo da importância da teoria geral do Estado em Marx (aqui não tenho os textos, e não posso ser preciso nas citações, mas o meu pensamento sobre esse ponto é claríssimo), você se daria conta de que a sua polêmica ficou parcialmente sem alvo, ou, pelo menos, que você usou do artifício de aumentar um minúsculo alvo para poder atingi-lo com mais facilidade. Althusser é um marxista, não? Você leu o que ele disse em Veneza, na conferência sobre o *Manifesto*? Ele disse que a crise do marxismo está em curso, e que na obra de Marx existem "lacunas de grande alcance" (assim mesmo), e uma dessas lacunas é a teoria do Estado. Cerroni também é um marxista, mais, é um doutor em marxismo, um especialista, um perito, um exegeta a quem se recorre para jogar luzes sobre o que Marx disse de fato: bem, você leu a entrevista, publicada recentemente pelos Editori Riuniti[3]? Diz as mesmas coisas que eu digo, e as diz de uma maneira tão "bobbiana" que quase, quase pensei que o entrevistado era eu. Aliás, você se declara marxista e escreve um longo ensaio (repito, até longo demais em relação ao objeto em disputa) para demolir os iconoclastas. Mas onde está o seu marxismo, tenha paciência, não está claro. Parece que todo o seu marxismo está em combater o vazio formalismo dos juristas que confundem a constituição formal com a realidade. À parte o fato de que eu não me reconheço entre tais juristas (posto que eles ainda existem, mas a sociologia fez nestes anos um massacre dos juristas tradicionalistas), e não sei absolutamente de onde você tirou argumento para me atribuir a ideia idiota de que a realidade de um país se deva deduzir a partir de sua constituição formal (uma das primeiras noções de direito constitucional que se transmite a quem estuda leis é a distinção entre constituição formal e constituição material), enquanto, no mesmo ensaio que você cita (uma aula sobre a origina-

[3] U. Cerroni, *Crisi del marxismo?* [Crise do marxismo?], entrevista de R. Romani, Roma, Editori Riuniti, 1978.

lidade da constituição republicana em que eu não tinha a menor obrigação de falar dos sonegadores de impostos, dos "gorilas" e de outras tantas amenidades que se passam em nosso país), eu terminava falando da ilusão constitucional, isto é, da ilusão de que uma boa constituição possa resolver os problemas de um país, e que bastaria a reforma da constituição para remediar a má conduta dos governantes (e, digamos também, dos governados), à parte, dizia eu, esta verdadeira troca de identidade, você acha mesmo que possa incomodar Marx a afirmação de que para conhecer a realidade de um país é necessário observar as relações sociais, e não as leis que as regulam? Com uma expressão que ficou na moda por influência dos norte-americanos e dos escandinavos, da corrente que se chama "realismo jurídico" (certamente Marx, Lênin ou Mao!), fala-se então comumente de "abordagem sociológica" no estudo do direito. Há alguns anos, o meu amigo Renato Treves dirige uma revista que se chama *Sociologia del diritto* [Sociologia do direito]. Se calhar de lhe vir em mãos, verá que não se fala de outra coisa. E não é de modo algum uma revista marxista, ainda que os marxistas não estejam proibidos de escrever nela. O outro ponto em que parece que você usa o trunfo do marxismo (digo "parece" porque acabamos de tocar de leve no tema) é na defesa da luta de classes contra a teoria das elites. Eu me limito a constatar que, desde que o mundo é mundo, desde a guerra entre Atenas e Esparta narrada por Tucídides, passando pela guerra entre Roma e Cartago, narrada por Políbio, para acabar na guerra entre Estados Unidos, Rússia e China, que provavelmente não será contada por ninguém porque estaremos todos mortos (e não enterrados), os grandes conflitos que têm feito a história (assim se diz) são conflitos de classes dirigentes entre si, e não entre classes dominantes e classes dominadas (que sempre foram bucha de canhão e, quando não havia canhões, gente a ser passada no fio da espada, e não me venha Althusser, que por certo eu não amo, falar que são as "massas" que fazem a história). Certeza, até os conflitos de classe são levados em consideração, mas não são os únicos nem talvez os mais importantes: a supervalorização marxiana da luta de classes era um efeito da vizinhança com a revolução francesa e do caráter exemplar (de Maquiavel a Montesquieu) da história romana, boa parte da qual foi o conflito entre patrícios e plebeus (quanto ao elitismo democrático, observe que não fui eu a inventá-lo: a democracia entendida como concorrência entre elites pela conquista do poder é uma tese muito sugestiva e que abriu caminho desde Schumpeter). Para dizer a verdade, o seu argumento principal para a defesa de Marx é que é necessário desconfiar (não das imitações, mas) das aplicações. São mesmo aplicações ou deformações? Claro, o problema existe, e é muito grande. Porém, você também poderia ter feito algumas citações aqui. E viria à tona que nunca sou assim peremptório como você me fez parecer, e, principalmente, jamais tratei o tema *ex professo*, como o leitor pensará lendo as suas páginas. Você se refere, provavelmente, à piada polêmica contida na resposta àquela que chamei a sua "bronca". Meu propósito era principalmente colocar em discussão o problema da influência das ideias na determinação dos comportamentos, e, portanto, da responsabilidade dos intelectuais. Marx, e tudo o que vem ou não dele, era apenas uma oportunidade para colocar um problema para o qual eu não tinha nenhuma pretensão de dar uma resposta. Por outro lado, mesmo você que, parece, sustenta que Marx não tem nenhuma responsabilidade sobre o "marxismo", ou melhor, sobre o "leninismo", ou melhor ainda, sobre o "stalinismo", não apresenta nenhum argumento. Você tem raiva de mim, e basta. O único argumento que apresenta e repete mais vezes (eis um caso em que uma maior concisão teria funcionado) é que, ao lado da interpretação leninista de Marx, existe também a da Segunda Internacional. Esse argumento vale exatamente tanto quanto o oposto, e isso significa que ao lado da interpretação da Segunda Internacional existe a leninista. Qual das duas interpretações é a mais exata eu não sei. Creio que seja uma ingenuidade colocar um problema desse tipo: nas milhares de páginas escritas por Marx e Engels existe espaço para ambas. Mas você, para defender o bom nome de Marx contra os caluniadores, acredita, ou faz seu leitor acreditar, que a interpretação boa é aquela da Segunda, e não a da Terceira Internacional. Com você, portanto, o ônus da prova. Mas essa prova não está no seu ensaio. Além do mais, parece-me que, ao discutir esse ponto, você comete um verdadeiro erro lógico. E, de fato, uma das suas gracinhas preferidas é que você não sabe por que o que censuro no meu inimigo não pode ser censurado nos meus santos numes, como Locke, Montesquieu etc. Com uma argumentação desse tipo, você, sem perceber, coloca no mesmo plano o argumento tirado das "aplicações" e o argumento tirado de seus opostos, isto é, das... desaplicações. Senhor absoluto das provas de que essas supostas aplicações não existiram (ainda que me pareça que você só afirmou isso sem demonstrar), mas não tão senhor do pedido para que se recusem os teóricos da separação dos poderes ou dos direitos naturais, mostrando que a separação dos poderes não existe, ou que os direitos do homem não são respeitados. Aqui seria justamente o caso de dizer: que culpa têm? Uma coisa é atribuir a responsabilidade do que aconteceu ou se presume que tenha acontecido por efeito de determinada teoria, outra é atribuir a culpa, visto que aconteceu exatamente o contrário. Você não acha? Para terminar, não entendi por que você se chateia tanto por eu ter escrito um verbete sobre o marxismo[4] em

[4] N. Bobbio, "Marxismo", in *Dizionario di politica* [Dicionário de política], direção de N. Bobbio e N. Matteucci, Turim, Utet, 1976.

que não cobri Marx de insultos, e quase, quase me leva para o tronco porque o estilo de um verbete de Dicionário é diferente do de um escrito de polêmica política. Sinto muito, mas se você tivesse de escrever o verbete "Bobbio, Norberto" para uma enciclopédia (não me diga que concebo uma hipótese inverossímil, porque, digo isso corando, o meu nome já está em algumas enciclopédias), você o faria usando o mesmo estilo com que escreveu o ensaio que eu estou comentando? Entre outros, com aquele verbete eu quis dar um exemplo também aos demais colaboradores de como se pode escrever *sine ira et studio* sobre um tema cortante como o marxismo.

[...][5] Haveria um argumento mais que mereceria uma observação, mas a carta está longa demais, e não quero exagerar. É o argumento das revoluções fracassadas, e, portanto, inúteis. Menciono isso ao final apenas para lamentar que uma citação que seria uma citação para me atribuir essa tese não exista. O enorme problema filosófico de que tratei em três linhas quando disse que a história não se faz com os "ses", porque o passado, uma vez passado, é o reino da necessidade, ao passo que se pode fazer com os "ses" o projeto do nosso futuro, porque os acontecimentos antes de acontecer são possíveis, merecia um outro tipo de esclarecimento para os seus leitores, e não a ilação de que, assim, as revoluções são inúteis.

Agora, honestamente, basta. Quero confirmar a você que mais me diverti do que me enraiveci, e aguardo resoluto, como São Sebastião mártir, as flechas restantes. Com as mais cordiais saudações e boas férias,

[N.B.]

---

[5] Omitimos algumas linhas em que são criticadas as contribuições de um colaborador do *Dizionario di politica*.

A Paolo Sylos Labini

19 de maio de 1991

Caro Sylos,

Muito obrigado por seus dois escritos, um já publicado e o outro no prelo[6]. Tinha lido muitas coisas suas em Salvemini, entre outras, lembro-me, uma violenta descompostura sua a De Caro, autor de uma maldosa biografia dele[7] (que fim levou o autor, não sei, e me surpreende um pouco que não tenha mais dado sinal de vida). Mas não sabia exatamente quais eram as suas relações com ele, muito mais estreitas e profundas do que me era dado imaginar. Eu também tenho uma grande admiração pela extraordinária energia moral dele, pela coragem de dizer a verdade na cara de qualquer um, mesmo as verdades mais incômodas, a fim de explicar as ideias professadas e a grande obra de educação completada em longos anos de incansável atividade. Olho ao meu redor e homens como ele, e como outros daquela geração, não vejo. Uma razão a mais para não estar muito alegre.

Não ouso discutir a parte de seu novo discurso sobre Marx que toca problemas econômicos, porque não sou um especialista, mas o que você escreve parece-me muito razoável, e, fiando-me na sua competência, tenho-o em ótima conta. Pergunto-me, no entanto, se não existem ao menos duas teses gerais, bem gerais, de Marx, que mantêm a sua força disruptiva: a) o primado da economia sobre a política e sobre a ideologia, o que se pode constatar continuamente, mesmo nas nossas livres democracias, em que o peso do poder econômico para de-

---

[6] P. Sylos, "Salvemini e il meridionalismo oggi" ["Salvemini e o meridionalismo hoje"], in *Il Ponte*, XLVII, 1991, 3, p. 61-79; o segundo artigo era "o esboço preliminar e incompleto de um artigo que enviarei ao Ponte" ("Carlo Marx: è tempo di un bilancio" ["Karl Marx: é tempo de um balanço"]), para os quais Sylos Labini pedia os comentários críticos de Bobbio (carta de P. Sylos a Bobbio, Roma, 10 de maio de 1991, mantida em ANB, na mesma unidade arquivística).

[7] G. De Caro, *Gaetano Salvemini* [Gaetano Salvemini], Turim, Utet, 1970.

terminar as escolhas dos eleitores é enorme; b) o processo de mercantilização universal produzido pela universalização do mercado, para o qual qualquer coisa pode transformar-se em mercadoria, dos filhos aos órgãos e, para ficar no âmbito das sociedades democráticas, os votos, visto que existe um que pede e outro que oferece. Existe um limite ético para a mercantilização universal. E se é bom que exista, quem deve estabelecê-lo? E em que base e com quais critérios? O mercado pode autolimitar-se? E se não puder, é bom que não existam limites para ele (no fundo, seria possível sustentar que, se uma mãe, para sobreviver, é obrigada a vender os próprios filhos, está livre para fazê-lo), ou então, que esses limites sejam fixados externamente; mas então, por quem?

Sobre o que estou inteiramente de acordo com você, e que eu também consideraria a primeira causa do meu não marxismo, é uma certa desconfiança moral pela falta de escrúpulos de Marx quanto ao uso dos meios, e ao desprezo para com os adversários. Eu também não tenho dúvidas acerca do fato de que o fascínio por essas atitudes tenha efeitos desastrosos.

Envio-lhe à parte um livrinho em que o "La Stampa" reuniu um certo número dos meus artigos[8], entre os quais também aquele que provocou uma crítica de sua parte sobre os problemas do Terceiro Mundo, aos quais você retorna no ensaio citado, e outros sobre a crise do marxismo e suas consequências.

Por falar em socialismo liberal, dentro de poucos dias aparecerá no *Unità* um artigo meu sobre Mill e o liberalismo que segue rumo ao socialismo[9], um tema ao qual eu já havia aludido no relatório romano, instigado por você, e publicado em *Il Ponte*.

Afetuosamente,

[N. B.]

---

[8] N. Bobbio, *L'utopia capovolta*, Turim, Editrice La Stampa, 1990.

[9] Id. "Stuart Mill liberale e socialista" ["Stuart Mill liberal e socialista"], in *l'Unità*, 31 de maio de 1991.

1ª edição setembro de 2018 | **Fonte** Bodoni Std
Papel Holmen Vintage 70 g/m² | **Impressão e acabamento** Orgrafic